U0505235

Annie Ernaux

Une conversation
Annie Ernaux/Rose-Marie Lagrave

一场对谈

著

安妮·埃尔诺 [法]
罗斯-玛丽·拉格拉夫

译

苏旳

上海人民出版社

作者简介：

安妮·埃尔诺出生于法国利勒博纳，在诺曼底的伊沃托度过青年时代。持有现代文学国家教师资格证，曾在安纳西、蓬图瓦兹和国家远程教育中心教书。她住在瓦兹谷地区的塞尔吉。2022年获诺贝尔文学奖。

译者简介：

苏昉，武汉大学法语系教师。武汉大学法语语言文学博士，法国里昂三大跨文化研究硕士，法国波尔多蒙田大学访问学者。从独立翻译米歇尔·福柯的著作《精神病学的权力》开始走上翻译之路。

"安妮·埃尔诺作品集"
中文版序言

当我二十岁开始写作时，我认为文学的目的是改变现实的样貌，剥离其物质层面的东西，无论如何都不应该写人们所经历过的事情。比如，那时我认为我的家庭环境和我父母作为咖啡杂货店店主的职业，以及我所居住的平民街区的生活，都是"低于文学"的。同样，与我的身体和我作为一个女孩的经历（两年前遭受的一次性暴力）有关的一切，在我看来，如果没有得到升华，它们是不能进入文学的。然而，用我的第一部作品作为尝试，我失败了，它被出版商拒绝。有时我会想：幸好是这样。因为十年后，我对文学的看法已经不一样了。这是因为在此期间，我撞击到了现实。地下堕胎的现实，我负责家务、照顾两个孩子和从事一份教师工作的婚姻生活的现实，学识使我与之疏远的父亲的突然死亡的现实。我发觉，写作对我来说只能是这样：通过我所经历的，或者我在周遭世界所生活的和观察到的，把现实揭露出来。第一人称，"我"，自然而然地作为一种工具出现，它能够锻造记忆，捕捉和展现我们生活中难以察觉的东西。这个冒着风险说出一切的"我"，除了理解和分享之外，没有其他的顾虑。

我所写的书都是这种愿望的结果——把个体和私密的东西转化为一种可知可感的实体，可以让他人理解。这些书以不同的形式潜入身体、爱的激情、社会的羞耻、疾病、亲人的死亡这些共同经验中。与此同时，它们寻求改变社会和文化上的等级差异，质疑男性目光对世界的统治。通过这种方式，它们有助于实现我自己对文学的期许：带来更多的认知和更多的自由。

安妮·埃尔诺

2023 年 2 月

目　录

引　言

相互认识与彼此了解

在这场坦率、真诚且默契十足的对谈中，安妮·埃尔诺和罗斯-玛丽·拉格拉夫共同探讨写作、女性主义之路，以及如何从战后社会历史变革的角度看待阶层变化。两位女性是同时代人，在人生故事中相互了解，也对过往经历及其分析反复思考。她们各自的方法表明，正是结合文学和社会科学的探索才形成解释其统治经验的方式，这两个层面是不可分割的。

从安妮·埃尔诺的"个人-社会-传记式"文本和罗斯-玛丽·拉格拉夫[1]的"自传式调查"中可知，主观经历与社会权力关系密不可分。在这一点上，她们的研究与理查德·霍加特、皮埃尔·布尔迪厄或迪迪埃·埃里蓬等人尝试在个人传记中分析这些关系的做法颇为相似[2]；然而，由于存在一种无意识地以男性为中心的偏离[3]，两位"阶级叛离者"[4]的反思似乎仍有些"盲目"。作家与社会学家所用方法的共同独特性在于，她们将自己的社会阶层视角与个人经历的性别维度结合起来，把作为女性所体验的物质条件转化为知识。[5]

她们将自己视为支配关系中的主体，让独特的个人经历在社会历史背景中呈现出集体特性。这种被压迫的处境并非天然的存在，而是由社会所建构的，可以被制止。[6]在接下来的对谈中，安妮·埃尔诺和罗斯-玛丽·拉格拉夫展示了经验和阅历如何在她们的人生和作品中相互交织。因此，她们不仅帮助我们更好地确定构建经历的支配关系，还激励我们一致行动，走向解放。

人生的交汇点

首先，她们都出生在诺曼底的农村，从父母一代跨越社会阶层的经历中找到了共鸣。安妮·埃尔诺的父母是农民出身，最初到工厂当工人，后来在伊沃托（Yvetot）开了一家咖啡杂货店。罗斯-玛丽·拉格拉夫的父母则经历了社会阶层的向下移动。社会阶层降低，部分原因是她的父亲身体有残疾，一家人原本居住在巴黎郊区，后来搬迁到卡尔瓦多斯（Calvados）的一个小村庄。与没有兄弟姐妹的安妮·埃尔诺不同，罗斯-玛丽·拉格拉夫在一个有十一个孩子的大家庭中长大。在这样的家庭中，内部团结一致是集体社会活动能力的一部分。

其次，在她们成长的日常环境中，宗教的影响无处不在。罗斯-玛丽·拉格拉夫的父亲曾在小修院和大修院接受教育。她将天主教的作用形容为"全方位的"，认为这一宗教影响了家庭生活的方方面面。[7]而对安妮·埃尔诺来说，宗教主要与母亲的形象相关联。在这两种情况下，宗教促使产生负罪感，同时也勾画出拯救的希冀。天主教可以成为慰藉之源，就像安妮·埃尔诺的母亲在失去第一个孩子后所经历的那样。这个女儿被称为"小圣女",六岁时因患白喉去世。[8]宗教也可以指引人生方向,就像罗斯-玛丽·拉格拉夫的兄弟"圣克劳德修士"那样,通过对天主教的虔诚信仰来治愈自己的自闭症。[9]宗教活动还支持区分社会地位的意愿,有助于归并与不遵循其戒律的人相区分的品质。

再次,学校和学校里讲授的知识对年轻的她们来说似乎是另一个救生板。学校拓展了她们的可能性,推动提升她们的社会地位。罗斯-玛丽·拉格拉夫就读于男女同校的公立学校,得到老师们的帮扶。她享受学校对"好学生"的奖励政策,获得了卡昂女子高中的奖学金,以寄宿的方式继续学业。尽管学校让一些人逃脱既定的社会命运,对"社会不平等"稍有纠正,但其主要作用还是促进社会再生产——罗斯-玛丽·拉格拉夫也因此领先于大多数同学。而对安妮·埃尔诺来说,学校是一个充满矛盾的场所,一方面可以摆脱束缚去拥抱文化；另一方面又要面对社会的斥责。她在私立天主教学校就读，被老师们"重新塑造"，不得不改变言行举止。这种施加于身的象征暴力改变了她与父母的关系：正如她在作品《一个男人的位置》（1983 年）中所写，她纠正父亲的语言错误，就像她自己在学校里被纠正一样。[10] 作品《羞耻》中的一个场景将她对私立学校的看法表现得尤为明显：节日庆祝活动结束后，老师和其他学生送她回家，她的母亲穿着沾满污渍的长睡裙开门。[11] 她将这一幕和父亲试图杀死母亲的另一个场景[12]描述为造成其社会羞耻感的基础，这种感觉如影随形，无法摆脱。她在作品《一个女孩的记忆》中对性羞耻感和社会羞耻感的分析则展示了精神上的创伤如何促使她这样的年轻女孩达成愿望，成为"出色而得体的文科生，注定要参加教师资格考试并从事与文学相关的工作"[13]。

在作品《被冻住的女人》中，作家回顾了其成长过程中观察到的不同性别角色模式。她读过贝尔特·贝尔纳吉（Berthe Bernage）创作的"布丽吉特"系列小说。[14] 私立学校的同学受邀去她家，在看见她的父亲正在做饭和洗碗而她的母亲忙于处理杂货店的账单时表现得十分惊讶。这让她意识到父母之间的分工"不正常"[15]。青少年时期，她对女性的不同角色模式感到更困惑。布丽吉特聪慧而顺从，是天主教资产阶级女性形象的典型代表，与她那对烹饪和家务毫无兴趣、既不温柔也不含蓄的母亲形成鲜明对比。然而正是母亲促使她在私立学校获得成功，让她摆脱了去工厂做工的命运。而要实现这一切，必须适应资产阶级的规则，与母亲所代表的模式背道而驰。尽管青少年时期关于女孩"行为准则"的发现打破了与男孩平等的想法，安妮·埃尔诺仍希望能像男人一样行事。然而随着第一个孩子的出生，她还是遵循了符合资产阶级范式的性别角色分配，承担起家务和抚育两个儿子的责任。

最初，罗斯-玛丽·拉格拉夫被男性世界所吸引，倾向于"透过社会阶层观察社会世界"[16]。而日常生活中多次受支配的经历让她加入女性主义斗士的行列，最终促成了她口中的这场"对谈"。当社会学家谈及个人经历时，"个人即政治"这句20世纪60年代女性主义斗争的口号脱口而出。她于1966年结婚，一年以后生下第一个孩子。尽管被告知在哺乳期不会怀孕，她还是再度有孕。于是，她在《归于平静》(Se ressaisir)一书中强调以鼓励生育政策为导向的主流医学话语所提供的信息存在缺失。她和她的丈夫与朋友们在巴黎郊区的"团体"生活经历又一次把她置于从属地位。团体中的成员们分享无政府主义的亲和氛围，拒绝消费社会的个人主义模式，但家务琐事和子女教育依然由女性承担。[17]1972年回到巴黎以后，她将经济上依赖于丈夫和行动上受困于育儿而产生的个人不适转化为对集体活动的投入。她投身妇女解放运动（MLF），挑战男性的统治地位。她转向克里斯汀·德尔菲（Christine Delphy）的唯物主义女性主义，反对那些不与"主要敌人"[18]即父权制和解的女性将已婚妇女视为"改良主义的或疯狂到不可救药的"活动家。她和她的同志们很快便"分道扬镳"，这一事实强化了她们的责任，亦即将女性的日常生活作为妇女解放运动的政治筹码。与丈夫分手后，罗斯-玛丽·拉格拉夫一边完成博士论文，一边在农村社会学研究中心全职工作，还独自抚养两个孩子。她的斗争是为了让不被重视的声音在女权运动中得到倾听。这一点也体现在学术工作中，比如1983年，她在法国国家科学研究中心的研究计划中提出了关于女农民的项目。随后，她更广泛地参与了在学界推动女性主义主题的工作。特别是从2005年起，她先后与埃里克·法辛（Éric Fassin）和朱丽叶·雷恩（Juliette Rennes）合作，共同开设了"性别、政治与性征"硕士课程。

罗斯-玛丽·拉格拉夫用"经验女性主义"这一

概念来描述其女权意识的形成，还反复提到一些对她影响颇深的著作，其中包括安妮·埃尔诺的作品，特别是《被冻住的女人》和《事件》中所描述的20世纪60至70年代女性的生活条件，以及《占据》中对嫉妒的分析。阅读这些文字让她产生了认同感。这种感觉基于两种经历的共鸣：其一是阶级变迁的过程，其二是同时代女性的经验。对作家和社会学家来说，性别维度并未被视作附加于阶级视角的独立因素，二者是相互交织的。[19] 这种思想进程以社会至上和重视解读其他女性为标志。比如西蒙娜·德·波伏瓦或弗吉尼亚·伍尔夫，她们不仅树立了勇于写作的榜样，还在更深层次上促使人们意识到社会的性别划分。

安妮·埃尔诺和罗斯-玛丽·拉格拉夫的"清醒"[20] 源于与阶级和性别暴力相关的经历。她们的叙述和对话证明，这样的经历在一定程度上动摇了她们对"社会游戏规则"的信念，而这一信念"让人看不清它所带来的支配性社会关系的真相"[21]。主导机构的魅力从未施展在这两位女性身上，她们无法在其中如鱼得水，只知道在面对各种形式的不合理时如何脚踏实地。因此，罗斯-玛丽·拉格拉夫认为自己进入法国社会科学高等研究院是"通过近乎破坏的方式走了后门"[22]。这位女社会学家通过不懈的工作、奉献和工会参与，逐渐在那里"找到了一席之地"，共同负责国际关系办公室并于1993年当选为研究主任。而她的著作却揭开了精英世界的神秘面纱，展示了她的成长归功于童年时期可以得到的少量文化资本，归功于给予她那一代人中"能者"的制度性机遇，也归功于一系列的机会和运气。安妮·埃尔诺从事现代文学教育工作，她的作品很早就由著名的伽利玛出版社出版，也获得了许多奖项，而她却对自己的"成功"持怀疑态度。正如她在这次对谈中所说，她认为这一切"并不取决于自己"。她同罗斯-玛丽·拉格拉夫一样，想要"重新思考应得的意义"[23]。她的社会身份变换十分简单，她担任教师直至退休，为的是确保写作活动不受经济压力的影响。这种经历也滋养了作家赋予其写作实践的意义。她对经典文学持批评态度，表示只有与"写得好"划清界限，才能"潜入难以言表的被压抑的记忆中……，揭露自己的存在方式"[24]。

这种与认同之间的模糊关系应该透过与她们所出身的社会群体的成员的不同轨迹来解读。这一差异可能令人产生"背叛自己"[25]的内疚感。安妮·埃尔诺在《一个男人的位置》中将她与父亲在社交上保持的距离描述为"分离的爱"[26]。这让她的"疏离式写作"[27]有了政治和伦理的色彩。相比于"平铺式写作"[28]，她更喜欢这个说法，认为它源于语言上和情感上的抽离。她以文学为途径，逐渐向原本所属的社会阶层靠拢，同时对语言领域中的象征暴力进行反思，对"分成两半"的状态和"惯习分裂"[29]作出解释。罗斯-玛丽·拉格拉夫用"可塑"来描述自己的内在想法，其分离感不太明显，又或者说更加矛盾。尽管家庭关系和作为社会学家的工作将她与最初所属

的社会 [30] 重新连接起来，她还是觉得有必要向原本的阶级"还债"。在职业生涯中，她曾多次这样做，以研究者的立场探索政治家的领域并始终站在"受支配者"的一边。

"写作意味着什么"

安妮·埃尔诺和罗斯-玛丽·拉格拉夫以作家和社会学家的身份揭示了各自社会经历的复杂性。她们的作品风格各不相同，但都显示出对文学和社会科学各自贡献的思考，有助于我们更准确地理解社会权力关系如何塑造个体经历。这种改变社会现象本质的勇气正是通过阅读她们的文章来传播的。

以批判为导向的社会学为安妮·埃尔诺和罗斯-玛丽·拉格拉夫提供了工具，用于理解和描述她们在对立世界之间的立场。这些世界是由她们的社会身份变化所造成，导致了物质上和象征性上的差距。安妮·埃尔诺的写作转向社会学视角发生在她阅读了皮埃尔·布尔迪厄和让-克劳德·帕斯隆（Jean-Claude Passeron）于1964年出版[31]的著作《继承人》之后。这本书令她开始思考"感情、印象和巨大的'社会压制'"[32]。埃尔诺将布尔迪厄在她的写作计划中的作用描述为"不只是一种授权，更是一项命令，要求她把迄今为止在她看来'低于文学'的东西作为写作的素材"[33]。于是，她回到了第一个社会身份的世界，从作品《一个男人的位置》开始，采用"个人-社会-传记式"写作方式。她所使用的"疏离式写作"或"事实性写作"[34]也是她对克劳德·格里尼翁（Claude Grignon）和让-克劳德·帕斯隆在合著《学者与大众》[35]（*Le savant et le populaire*）中揭示的民粹主义和悲惨主义（mésirabilisme）双重陷阱做出的正式回应。罗斯-玛丽·拉格拉夫的学术经历也呈现出类似的转变。她在索邦大学研习哲学，后来在雷蒙·阿隆（Raymond Aron）的课堂上发现并转而学习社会学。第一次转变使她更接近皮埃尔·布尔迪厄的批判社会学，她多次参加他的研讨会，1987 年至 1988 年首次在法兰西公学院与他见面。她追随着这位"科学启蒙者"[36] 的脚步，投身于改变社会本质的工作，他"给了她一种难以置信的力量，让她随心而动"[37]。对她而言，社会学突显了主观期望与实现期望的客观机会之间的差距，"既有所揭露也造成痛苦"[38]。她与安妮·埃尔诺一样，试图摆脱悲惨主义和民粹主义，在对进入"正统"文学领域的自学成才式作家的人生轨迹的科学研究中勾画出第三条道路，即提出一个交替视角，观察那些参与原本并非"注定"要进行的文化实践的个体的经历。她以同样的视角看待自己的轨迹，认为自己既"被重新分类"又"被降级"。由于研究对象不受重视，她在法国社会科学高等研究院这样的主导机构中只能处于受支配地位。[39]

安妮·埃尔诺和罗斯-玛丽·拉格拉夫的"个人-社会-传记式"文本只有在时间背景中、在与历史的关系中才具有意义。经历形成了一个反思场，权力关系随着时间的推移逐渐显现。在考虑到自身位置的情况下，社会学家和作家将各自的经历重新置于社会历史背景中。自 1985 年"女性历史小组"成立以来，罗斯-玛丽·拉格拉夫就是其中的一员，阿莱特·法尔热（Arlette Farge）、米歇尔·佩罗（Michelle Perrot）等人也是。她在《归于平静》一书中追溯了自己的人生轨迹，认为社会空间中地位的接续能推动获取支配权和资源。为此，她以书面档案和口述档案为依据重建过去。她与埃尔诺有着共同的信念，都认为"记忆是物质性的"[40]，都对记忆进行了探索。在某种程度上，她们都成为"自己的民族学家"[41]，探索留存在个体、物品、地点或书籍中的过往。然后，罗斯-玛丽·拉格拉夫戴上社会学家的眼镜，在这些历史的痕迹中审视她的社会化经历和人生中的重大事件。

同样，安妮·埃尔诺也在自己的作品中寻求另一种真实，即从现在把握过去。她希望通过《悠悠岁月》让人们在她的内心和身外感受时间的流逝，想要以"完整的书"的形式记录"女性在历史中的故事"[42]。即使最终的作品显示这一设想并未（抑或只是部分）实现，也还是体现了在时间持续的经历中捕捉时间流逝的愿望。在这一点上，埃尔诺的风格有别于普鲁斯特个人的、与历史无关的回忆模式。她与《追忆似水年华》的作者一样，将敏感的经历与记忆联系起来，但她不是删除历史，而是将多年的记忆层层叠加。在《一个女孩的记忆》中，"时间的流动"被定格在"1958年"。那年夏天，她成了一次"性侵事件"的受害者，但她没有说出口。这件事在当时并未被视作性侵，导致她暴饮暴食和暂时停经。[43]人间蒸发的两年。2014年，安妮·埃尔诺以"我"和"她"两个人称交替的写作方式——"我是永恒，而她是历史吗?"[44]——寻求1958年那起少女事件的现实性并探索其随着时间的推移对"自我"的影响："如果不是为了探究事物的本质，写作的意义又何在？哪怕只有一件事，不能被各种社会学、心理学的解释所还原，不是某种先入为主的观点或某种论证的结果，而是来自叙述，是从繁杂的叙述中抽丝剥茧的东西，能够帮助理解甚至承担发生的事和做过的事。"[45]

在罗斯-玛丽·拉格拉夫和安妮·埃尔诺的作品中，受支配的人生经历与相关分析之间的来回反复提出了经验与理论之间的联系问题。她们在阅读皮埃尔·布尔迪厄和西蒙娜·德·波伏瓦的社会学或哲学文本时感到震撼，是因为这与她们的过往经历产生了共鸣。揭示权力关系要通过理论和经验之间相调和来实现。[46]然而，埃尔诺喜欢"写作"一词更甚于"文学"一词，她认为写作能"让人看见，看见纪录片或社会学家的成果之外的东西"[47]。写作更接近记忆、情感和身体，似乎与经验有着更直接的关联。它通常被认为是前理论性的，为社会学思考带来知识。这种思考将"原初经验"[48]考虑在内，其目的是理解社会问题。同时，正如埃尔诺的书中所示，关于经验的写作是通过概念（如习性和象征暴力）导入的，即使这些字眼本身没有出现。她以精确描述过往经历的方式使社会问题变得可见和可感。其文本所表现的经验和理论之间的拉扯与直接获取经验的想法和抽象理论形成鲜明对比。安妮·埃尔诺的写作力量体现在不把主观经验抽象化的能力上，其目的是突出当中的客观性。在使用社会学特有的手段时，拉格拉夫与埃尔诺一样，对被视为微不足道的东西、在社会空间中听不到的东西感兴趣。[49]用乌苏拉·雅利施（Ursula Jaerisch）和西奥多·W.阿多诺的话来说，她们通过解读自己平常且痛苦的经验，帮助"归还那些被禁锢的、声音被熄灭的事物的话语权，其细微差别既是暴力的痕迹，也是可能重见天日的秘密信息"[50]。

无论是作为读者还是作为社会科学研究者来阅读，这些文字都激励我们回首审视自己的人生轨迹，透过交织的社会权力关系来进行观察。它们引用了从其他代际的亲人那里听到的故事。通过阅读和写作，这些片段式的生活回响也能帮助我们更好地理解和感知社会情境。即使没有亲身经历过，社会情境依然在时间的长河中造就了现在的我们。因此，认同效应并不局限于分享相同的社会历史背景，而是促使我们将自己的经历置于塑造这些经历的社会权力关系当中。[51] 此外，这些文字也借助翻译和致力于营造接受局面的各方参与者而传播。[52] 例如在德国，"个人-社会-传记"本身就是一种文学体裁[53]，其共同主题是将个人历史与所出身的社会阶层联系起来。对它的接受是基于这种转移而构建的，展示了在法国历史框架内分析的生活经历如何在其他社会背景下产生共鸣并提供理解的关键点。

传记式的回响形成了围绕文学、社会学和历史作品的阅读共同体。这些群体通过解构权力关系的脉络，帮助人们找到"活得更好一点的方法"[54]，让他们在面对支配时感觉不那么孤单。罗斯-玛丽·拉格拉夫和安妮·埃尔诺的人生经历由邂逅、颠簸、意外、羞耻和冲突组成，体现了特定历史时期的特点，向我们展示了社会与性别之间仍然存在的差距以及由此所产生的暴力。通过分享亲身经历（脱离直线性的传记幻觉）、分享个人的历史（也是集体的历史），她们并没有向我们展示可以效仿的榜样，而是陪伴我们走上解放之路，引导我们以各自的方式找到自己"化愤怒为行动"[55] 的形式。

萨拉·卡洛塔·艾克勒（Sarah Carlotta Hechler）

克莱尔·梅洛（Claire Mélot）

克莱尔·托马塞拉（Claire Tomasella）

文本来源

2021 年 5 月 26 日，马克·布洛赫研究中心的三位博士生萨拉·卡洛塔·艾克勒、克莱尔·梅洛和克莱尔·托马塞拉邀请罗斯-玛丽·拉格拉夫和安妮·埃尔诺参加以"女性主义阶级叛离者的经历与写作"为主题的圆桌会议。这是德法跨学科德国研究中心（CIERA）举办的"文学中的权力关系：文学空间中的侮辱、支配和抵抗形式的表现与呈现"青年学者研讨会的闭幕活动。会议情况已全程拍摄，可在该中心的网站上在线观看。内容由安娜·巴尔德（Anne Bardez）整理记录。

2023 年 3 月 24 日，由法国社会科学高等研究院出版社发起，罗斯-玛丽·拉格拉夫、安妮·埃尔诺与萨拉·卡洛塔·艾克勒、克莱尔·托马塞拉进行了一次补充访谈。艾蒂安·安海姆（Étienne Anheim）和克莱芒斯·加罗（Clémence Garrot）也代表出版社参与其中。内容由瓦伦蒂娜·科潘（Valentine Coppin）整理记录。

在这次两次会面中，组织者与出版社准备了一些主题，但讨论形式很快就变成罗斯-玛丽·拉格拉夫和安妮·埃尔诺之间的友好对话。在艾蒂安·安海姆的协助下，克莱芒斯·加罗和乔安娜·布尔戈（Johanna Bourgault）试图让友好状态明朗化：她们将这两次原始访谈自由地编辑成对话的形式，去掉对作者的提问，重新组合整个文本以形成连贯的主题集合。

这本《一场对谈》由两位作者共同审阅和修订，萨拉·卡洛塔·艾克勒、克莱尔·梅洛和克莱尔·托马塞拉负责引言部分，保罗·帕斯卡利完成后记。本书是集体创作的成果。

一场对谈

安妮·埃尔诺：罗斯－玛丽，也许我记得不太清楚，在印象中，我是 2001 年 1 月在巴黎高等师范学院举办的研讨会上第一次见到你的。[1] 后来，我读了你在《社会科学研究》（*Actes de la recherche en sciences sociales*）杂志上发表的文章，对你有了更进一步的了解。我从 1984 年开始订阅这本杂志，你是极少数在上面发表文章的女性之一。我记得还有另一位女性作者，她的名字叫伊维特·德尔索（Yvette Delsaut）。出于某种私人原因，我对那次研讨会印象深刻。前一天，我因为分手彻夜未眠，无法准备我的发言。我当时觉得很不舒服。午餐时，我们面对面聊了很多，彼此相见恨晚。去年，你的新书《归于平静》出版，我又回想起那一刻，心里只有一个念头，就是去看看你写了什么。读你的书与读其他社会学家

的书完全不一样（布尔迪厄则另当别论），我感觉是
在一种不断比较和评估的状态下照亮自己。这是你和
我之间的灵魂对话。我有点忘记了，2001年那次见
面时你应该对我说过你来自一个大家庭。这大概是我
们之间的重要区别，因为我是"独生女"。（请注意，
在我的童年时期，这种情况极易成为一种伤害！）但
是，作为一名与你同时代的女性，大多时候我都能在
你的书中看到自己的样子。这本书的副标题"一个女
性主义阶级叛离者的自传式调查"，甚至可以定义我
自己在文学领域的研究。

罗斯-玛丽·拉格拉夫：你的记忆力太惊人了！
你还原了我们在巴黎高等师范学院初次见面的场景，
当时克里斯蒂安·伯德洛（Christian Baudelot）也
在，他是你最狂热的崇拜者之一。后来我们在"西蒙
娜·德·波伏瓦奖"颁奖典礼和庞坦（Pantin）的一
场电影放映会上再次见面。在这些场合中，我和你说
起过我们有一个共同的朋友 M.V.。我和她一同在卡

昂的高中度过了寄宿生的岁月，她也参加过你在《一个女孩的记忆》中提到的克兰尚（Clinchamps）的夏令营。不过我和你第一次真正相遇是在你的第一本书《空衣橱》出版时。然后一本接着一本，我再也没有放下你的书。每当有你的新书问世，我都会迫不及待地冲进书店。我并不是唯一的一个。五月风暴（1968年）这一代的许多女性都是通过你的作品来实现自我认同或进行自我审视的。大家从中找到了一种思路，虽然不同于你的方式，却强有力地表现了对当下种种束缚的感受、对性别角色固化的反感和竭力摆脱的意愿。你的作品具有普遍意义，抓住了其他人的心，我也沉迷其中无法自拔。虽然我们的经历和过往并不相同，我并没有经受过堕胎或性侵，但我在你的文字中完完全全看到了自己的样子。你为我们这一代人提供了一种非规范性的指南，以围绕共同经历的写作为基础，目的是让我们从各种束缚和难缠的社会决定论中挣脱出来，并尽可能地与之保持距离。你为我们打开一扇又一扇门，鼓励我们共同挖掘自身的资源，去描绘一个更美好的世界。你的书是一种不变的吸引和支持：是的，我们并不孤独，她在这里，一直在这里。当我在自己的书中写道："她越过我的肩膀去看"，这不仅仅是一个暗喻，更是一种建立幸福关联的方式。你肯定还记得，20 世纪 70 年代有大量的"女性"系列作品，如午夜出版社的《她说》(*Autrement dites*)，格拉塞出版社的《女性时代》(*Le temps des femmes*)，德诺埃尔-贡蒂埃出版社的《女性》(*Femmes*)，斯多克出版社的《她们自己》(*Elles-mêmes*)、《她时代的女性》(*Femmes dans leur temps*)和《女性之声》(*Voix des femmes*)，以及瑟伊出版社的《她们的自由》(*Libres à elle*s)等。我的书架上仍然保留着所有这些文学作品，克里斯蒂安娜·罗什福尔(Christiane Rochefort)、米歇尔·芒索(Michèle Manceaux)、玛丽·卡迪纳尔(Marie Cardinal)、贝努瓦特·格鲁尔特(Benoîte Groult)和玛丽埃拉·里吉尼（Mariella Righini）在其中占据着重要的位置。收藏这些作品大约持续了十几年。而你，从一开始就在伽利玛出版社发表作品，这表明你的书并不属于短暂的出版热潮，而是"如同一把刀"[2]，开辟了一种不寻常的写作方式。

安妮·埃尔诺：那时候，我是堕胎和避孕自由运动（MLAC）的积极分子，刚刚写完以一次秘密堕胎为背景的小说《空衣橱》。然而，这本书的主题并不是这一背景，而是女主人公德尼斯·勒叙尔通过在文学院深造名正言顺地进入资产阶级世界后与她原本所属的平民阶层之间逐渐扩大的裂痕。显然，这当中包含堕胎的经历，有一定的自传成分。也许是出于直觉，又或者是对出版行业不太熟悉，我并没有坚持要把我的手稿寄给一家拥有"女性"系列图书的出版社。因为在我看来，这个主题（现在可称为"阶级叛离者的经历"）绝不仅仅针对女性。我把它寄给弗拉马利翁出版社，很快就遭到拒绝，接着又寄给格拉塞

出版社（克里斯蒂安娜·罗什福尔的出版商）和伽利
玛出版社。我在安纳西（我住在那里）新百货商场的
书店货架上发现，伽利玛出版社出版了两位与我同年
出生的年轻女性的第一本小说。所以，我为什么不试
试看呢？是机缘巧合（而不是"白色系列"的名声在
外）让我进入了一个全新的空间，至少可以说，它与
我原本所在的世界完全不同。

这本书出版后，大部分评论都非常好，《世界
报》《解放报》和《人道报》关注其对文化和学校的
"审判"、社会地位上升过程中的创伤以及写作的强
烈风格。然而，《费加罗报》的标题却是"她们也有
头脑和心灵"（简直匪夷所思！），以一笔带过的方式
提及我和另外两位女作家的书。在女性杂志中甚至
没有任何关于我的文章。与此同时，安妮·勒克莱
尔（Annie Leclerc）出版了《女性的话语》（*Parole de
femme*）。她声名大噪，我却寂寂无闻。两本书的境遇
差距如此之大实在是令人难受……

罗斯-玛丽·拉格拉夫：安妮·勒克莱尔属于所谓的"女性特质派"（féminitude）或"差异派"（différentialiste），与克里斯汀·德尔菲所代表的唯物主义女性主义截然不同。[3]安妮·勒克莱尔与你完全相反。她在作品《女性的话语》（1974年）和《婚礼》（1976年）中将分娩描述为一种真切的享受……

安妮·埃尔诺：是的，我还记得。还有关于小女孩身体缺失的描述，她厌恶月经，为了阻止月经甚至把双脚浸泡在冷水中，而后来在感受到经血流淌时又乐在其中，以及她为家人精心烹煮的土豆似乎永远不如餐馆里的好，等等。我已经四十年没有重读这本书了，换作今天我可能会有不同的理解。但我必须承认，当得知西蒙娜·德·波伏瓦推荐阅读《空衣橱》而不是《女性的话语》时，我感到很高兴。

西蒙娜·德·波伏瓦对《空衣橱》的认可于我而言意义重大。但她对第二本书《如他们所说的，或什么都不是》不那么喜欢，她曾写信告诉过我。在

《被冻住的女人》出版时，我与作家克罗德·库尔柴（Claude Courchay）有过一次谈话，他是波伏瓦的朋友，经常见到她。他问我是否给她寄过书，当得知我并没有寄时，他感到十分惊讶。为什么呢？我不知道，也许是担心她对这本书评价也不高，就像对之前那本书一样。

《被冻住的女人》一经推出，立刻引起了一系列不愉快的反应。我对同伽利玛出版社的代表们（几乎都是男性）的激烈交锋记忆犹新。这是一个存在性别差异的行业，男人闯世界，女人是家庭的守护者。他们指责我描绘一个已婚已育职业女性的状况。最讽刺、最激烈的反应发生在一档名为《今日女性》的电视节目中。该节目在下午播出，邀请女性读者发表观点。从衣着打扮、珠宝首饰和表达方式来看，当天在场的女性都属于中产阶级。她们对我进行了猛烈的攻击："女士，如果您认为孩子是一种负担，那就不应该要孩子！"我试图让她们明白这个负担应该是共同承担的，但她们根本听不进去。

同时，对许多女性主义者来说，将家务和育儿交给女性，要求女性照顾孩子，这些事现在我们称之为精神负担，而在当时这根本不是一个真正意义上的主题。只有一本名为《F Magazine》的杂志，通过小说家卡特琳娜·里瓦特（Catherine Rihoit）之笔，对这一主题进行了深刻的批判。我的许多书都颇具争议，但这本《被冻住的女人》尤为不同，它直接地遭到否定。在 1981 年，它完全无法被接受，我所质疑的事情从未被纳入思考的范畴。于是，我写了《简单的激情》……

罗斯-玛丽·拉格拉夫：是的，我记得《简单的激情》这本书。一些女性主义者说它有一种轻浮的城市女性风格，与你之前的作品截然不同。

安妮·埃尔诺：我意识到了这一点。但对我来说，写这本书很重要，而且是这样来写，这与《一个男人的位置》和《一个女人的故事》的写作方式并

无二致，不是感情至上，而是陈述事实。比如回答这
个问题：你在一年半的时间里发生了什么事？与这种
状态最契合的词或许是"激情"，我的目的是用这个
词所表现的痛苦、绝对、置身事外，甚至超越寻常
的感受进行客观的描述。这本书引起了激烈的争议。
《嘉人》(*Marie Claire*) 杂志在女性（知名的和不知
名的）群体中进行了一项广泛的调查，了解她们对这
本书和激情的看法。从卡特琳娜·德纳芙（Catherine
Deneuve）的支持到弗洛伦斯·阿尔托（Florence
Arthaud）的反对，观点两极分化。我还记得妇女解
放运动（MLF）的"精神分析与政治"小组发起人安
托瓦内特·福克（Antoinette Fouque）的回应："拒绝
激情就是拒绝人的本性。"对我而言，这的确是一本
女性主义的书，它剖析了男人与女人共有的状态，我
所收到的各种信件也证明了这一点。而到了 2021 年，
根据这本书改编成的电影没有引起任何争论，因为
"激情"已经成为不被讨论的主题……

罗斯-玛丽·拉格拉夫：《事件》这部作品也是如此吧。

安妮·埃尔诺：与《简单的激情》恰恰相反，《事件》这本书在2000年出版时遭遇了沉默和漠视，甚至还有难以掩饰的敌意。这是一篇关于秘密堕胎的文本，来自我读大学时的亲身经历，也与记忆和写作有关，却完全被屏蔽。它成了我在书中所担心的那种"低级趣味"的主题。总的来说，当时与女性身体相关的一切都遭到屏蔽，在"韦伊法案"（la loi Veil）颁布以前，关于几个世纪以来女性所经历苦难的记忆全都被抹去。相比于《简单的激情》二十万册的销量，《事件》只售出了不到二万册。二十年后，奥黛丽·迪旺（Audrey Diwan）执导的同名电影获得了威尼斯电影节金狮奖，各大媒体争相报道。这部电影触碰到人们认为不可思议的事情：合法堕胎再度遭禁，最初是在波兰，近期则是在美国。与我在写作时想做的一样，这部电影严格按照文本呈现了从等待经期到抵达急诊室的整个过程，它的力量是引导读者（在这里已经成为观众）进入现实的惊恐。这是一种闻所未闻的经历，在禁止堕胎的社会大环境下，独自面对意外怀孕的无情现实和不得不"自己解决"的恐惧，寻找"天使妈妈"的地址，支付相关的费用，把"它"排出体外。电影也许比书更有效果，通过演员安娜玛丽亚·瓦托洛梅（Anamaria Vartolomei）恰如其分的表演，让人感受时间在身体中残酷地流逝、孤立无援和无论如何都要堕胎的决心。

"如同一道亮光"

安妮·埃尔诺： 有些书塑造了现在的我，这当中显然包括《第二性》，它是我在十八岁时的决定性发现。在此之前，我似乎对男女之间的关系和女性的处境一无所知。我不明白为什么我在男人面前觉得如此不自在。它如同一道亮光。在这一点上，我的表达也许太过抒情，但我确实清楚地记得，当时我沿着鲁昂的伊瑟大道往下走，感觉之前的世界观被波伏瓦的无情的论证撕裂了。意识到社会的性别划分和男性的特权，这让我兴奋不已……

几年后，一本小书引起了我的注意，那就是珍妮娜·布雷容（Janine Brégeon）写的《无用的一天》（*Une journée inutile*）。一天早上，一个已婚妇女决定待在家里什么都不干，既不做家务，也不做饭，无所事事。再读一遍，我想我会从中找到自己反抗独自承担的任务和写作《被冻住的女人》的初衷。20世纪60年代还有什么其他作品吗？哦，对了，还有克莱尔·艾切雷利（Claire Etcherelli）创作的《伊莉斯或真实的生活》（*Élise ou La vraie vie*），接下来我会让我的学生们阅读并研究这本书。

罗斯-玛丽·拉格拉夫：这也是我最喜欢的书之一。它把我所经历过的诸多情境流畅地编织在一起：从外省辗转来到巴黎，发现工人受尽剥削，通过一个法国女人和一个被警察羞辱和抓捕的阿尔及利亚移民之间的爱情故事表现阿尔及利亚独立战争。这本书更坚定了我的反殖民主义信念，阿尔及利亚战争也成为我日后参与政治活动的基石。

安妮·埃尔诺：我还要谈到弗吉尼亚·伍尔夫。我到四十岁以后才读了《自己的房间》（*Une chambre à soi*），但在决定写作并着手创作小说时就发现了《达洛维夫人》（*Mrs Dalloway*）和《海浪》（*Les Vagues*）。在以男性为主导的文学史中，她是一座灯塔。她给了我动力和力量：如果她能写作，我肯定也能！

需要解释一下背景。我做出过错误的职业选择——当小学教师，还曾在英国留学时用家务劳动换取免费住宿，然后才报名进入文学院，希望成为教授，渴望写作。上学的第一年，也就是所谓的预科阶段，选择面很广，我惊讶地发现我在法语方面远比在哲学方面优秀。在被录取进入学士阶段后，我选择了学习现代文学。其中包括一场外国文学考试，一张"证书"，正是在这门课上我第一次听说了伍尔夫。也许还有《法国文学》杂志的作用。这是阿拉贡主编的文学刊物，参与了"新小说"大辩论。我订阅了这本杂志。我不仅与其他学生一样专注于课程，还对文学创作过程产生了兴趣。基于这个角度，我写了一部结构复杂的小说，主角是一个毫无归属感的女孩。我用第一人称将夜晚的梦境、对未来的期许、当下与过去交织在一起。这部作品先后被瑟伊出版社和茱莉亚出版社拒稿。于是，我把它作为档案保存下来……

到今天，除了伍尔夫之外，很难分辨出当时我的阅读还受到了哪些影响，比如布托尔、罗伯-格里耶、西蒙等作家，还有索莱尔斯的《公园》(*Le Parc*)和《奇怪的孤独》(*Une curieuse solitude*)等作品。很多年以后我才开始读杜拉斯，那时我已经不再关注表面形式，而是对《伊莉斯或真实的生活》、佩雷克的《物》(*Les Choses*)，还有娜塔丽·萨洛特的"潜对白"（sous-conversation）感兴趣。对于杜拉斯，怎么说呢，《情人》并没有打动我。

罗斯-玛丽·拉格拉夫： 是吗？那么《抵挡太平洋的堤坝》呢？

安妮·埃尔诺： 当然，对我来说，《抵挡太平洋的堤坝》是杜拉斯最伟大的作品。我是读了《情人》之后才读到它，是在它问世二十多年以后。我很高兴能发现它，但又遗憾发现得太晚。

罗斯-玛丽·拉格拉夫： 还有《劳儿之劫》，你不喜欢吗？

安妮·埃尔诺： 它并没有太触动我。也许是它太晚才来到我的生活中。与文字相遇的时机太重要了。杜拉斯没有出现在我对现当代作品充满渴望的时候。有些书是在你已经成为作家后才来的，你会感受到与作者之间要么是一种姊妹情谊，要么存在一种距离感，后者正是我和杜拉斯之间的关系。相比之下，我觉得与娜塔丽·萨洛特更亲近。但是很奇怪，我记得我曾经让中学生们研究过《广岛之恋》的剧本。而且我一直很喜欢杜拉斯的电影。

罗斯-玛丽·拉格拉夫： 对我有塑造作用的书也大致相同，但我非常喜欢杜拉斯。她的作品风格十分流畅，既表现虚构又呼唤真实，将两者交织在一起。我通过《劳儿之劫》感受到对立之美，例如，和谐与不和谐、美丽与痛苦、人物的真实与虚幻、声音的撕裂与沉默。这些并没有抚慰女性读者的心灵，反而让她被一种叙事紧张感所控制，这种感觉很迷茫，在杜拉斯的几部电影中都出现过。还有乔治·艾略特和一些外国女作家。20 世纪七八十年代，我读过美国女性主义作家凯特·米利特（Kate Millett）和贝蒂·弗里丹（Betty Friedan）、澳大利亚作家杰梅茵·格里尔（Germaine Greer）的作品。现在回想起来，似乎是她们促使我变成现在的女性主义理论家。对我来说，弗吉尼亚·伍尔夫和多丽丝·莱辛依然是文学和女性主义的灯塔。

安妮·埃尔诺：我读过杰梅茵·格里尔的《女太监》（*The Female Eunuch*）和凯特·米利特等人的作品。至于女性主义理论家，后来有克里斯汀·德尔菲。在那个年代，住在巴黎和住在外省有很大的差异。我在安纳西也加入了吉赛尔·阿利米（Gisèle Halimi）发起的"选择"运动，后来又参加了"堕胎和避孕自由运动"，但女性主义行动与交流主要还是在巴黎，而从安纳西去巴黎要坐六个小时火车。1975年，我搬到塞尔吉，但处境并没有太大改变。我在CNTE（现在的"国家远程教育中心"）任职，以"远程"的方式编写课程，与学生和同事的关系更疏远。1978年秋天，我开始写《被冻住的女人》这本书，仅凭经验和记忆，没有任何理论依据，目的是回答"我如何成为现在这个女人"这一问题。

我意识到我对女性角色的建构植根于一种非典型的家庭模式。而罗斯-玛丽，你的情况似乎更为传统，你有一位主导型的父亲。我的父亲则不一样，他总是跟在妻子的身后。这个如同火山般的女人，从他们结婚伊始就决定一切，尤其是决定了他们从工人变成小商贩的社会身份变化。任何事他都是同意的。儿时的我看到的都是比男性更优秀的女性却被男性支配和虐待，而我父母这一对是例外。在我们周围、邻里之间和我母亲的家庭中，男人们都喝酒——酗酒问题在工薪阶层中造成严重损害——，他们流连于咖啡馆，妻子或子女偶尔会过来接他们回去。女人们忙于做饭、养孩子等正经事，掌握着家庭的经济大权。可男人们却让秩序摇摇欲坠。我是带着这样的信念长大的，但也见到了其他模式，例如布丽吉特的资产阶级家庭模式，她是天主教作家贝尔特·贝尔纳吉的教化系列作品中的主人公，该系列在20世纪60年代大获成功。而现在，我说不清当时是什么样的想法，只觉得布丽吉特的社会环境，从年轻女孩到走入婚姻，再到成为母亲，与我的情况相去甚远。我也不确定是否对她心生羡慕。

让我向往的是《飘》中的斯嘉丽·奥哈拉。那是我母亲买的一本小说，我九岁时跟着她读过。

从《被冻住的女人》开始，有一种想法渐渐深入我的内心，挥之不去，它不断地出现在我的生活中，成为我投身写作的动力："我有自己的工作，但总是我负责购物、做饭、洗衣服、带孩子参加活动和看医生。我从未独自去看电影，也从未抛下丈夫和孩子独自去度假。"究竟发生了什么使我二十岁时的想象和憧憬与现实生活大相径庭？答案很简单，我心知肚明：我陷入了一场资产阶级的婚姻，丈夫是承袭父权制的典型代表。写作是为了让我自己"归于平静"，正如你那本书的标题一样，但同时也是让我重新掌控自己的生活、慢慢实现改变的一种方式。在这本书出版一年之后，我与丈夫分开了。

罗斯-玛丽·拉格拉夫：《被冻住的女人》刚出版时我就读过了，我感觉读到的完全就是我当时的生活。虽然并非一模一样，但确实有诸多巧合，我心中暗自惊叹："是的，就是这样!"尽管有差异，但你的整部作品引发了我对自身的思考和疑问。我曾经生活在由九个女孩和两个男孩组成的大家庭，也曾经寄宿在一所女子高中，那里的教师全都是女性。我在我所憎恶的女性世界里感到窒息，却对我一无所知的男性世界心生羡慕。而书中男性世界的英雄角色、波谲云诡和丰功伟业让我对自由满怀希冀。我以前总对自己说："男性的世界才是令人向往的。"所以我天生是一个坚定的反女性主义者。在我的书中，我试图通过自己屡次受到支配的类似经历来说明我是如何变成女性主义者的。这些经历在妇女解放运动讨论小组的会议上得到充分的展示，我们对各自的处境进行集体分析，这使我更好地理解了男性统治如何成为制度的一部分。在我看来，正是在这个"已婚（很快就离婚）妇女小组"中，我并不是"成为"女性，而是接受了自己的女性身份，换言之，就是参与其中。这一转变以及由此展开的集体理论思考强化了我的社会学研究方法。从此，我戴上了双光眼镜，同时聚焦阶级与性别。我以前总把社会阶层放在首位，是因为我从青少年时期开始就感受到阶级的轻视。现在已经不这么说了，但我对阶层总是有一种直觉，像是指南针，为我开辟道路。对女性主义的探索和对性别研究的投入促使我思考阶级与性别之间的交叉影响，进而把握在特定社会或历史背景下它们各自的分量。"交叉性"（intersectionnalité）一词引起各种讨论，还被贴上"伊斯兰左派"（islamogauchisme）的标签，但它并不新鲜，而是源于 20 世纪 90 年代达尼埃尔·凯尔格特（Danièle Kergoat）所提出的社会关系同质性（consubstantialité des rapports sociaux）概念。社会关系的种族化或民族化也是我们思考的一部分，而且不止一次引起行为上的紧张状态。在过去的五年中，我参与了在马格里布和撒哈拉以南非洲各国巡回开办的博士生学校，与其他同事一起展开为期一周的授课活动。[4] 从上第一堂课开始，我就觉得应该将立场和盘托出。我尽量说得委婉些，但话到嘴边却很直白：我是一名白人女性，来自一个西方机构，来自一个殖民统治过你们的国家。同时，我还表明最初参与政治活动的目标是阿尔及利亚战争。听着自己说的话，我觉得自己很可笑。实际上，这种做法只是为了自我安慰，是一种额外的特权。在这些国家，信息和文献的流通较少，所以我们比他们掌握更多的社会科学知识。学生们对这样的介绍是满意的，可我发觉自己陷入矛盾和混乱之中，产生了内疚与不安。我把这些感觉转化为对工作的反思，因为我首先需要消除的是由个人所处位置而产生的无意识的种族中心主义偏见的影响。

安妮·埃尔诺：我并没有经历过你所描述的情况。但我与一些非裔女作家有过交流。我们都是从事写作的女性，因写作而相聚，每个人都讲述了自己如何开始写作和想做什么。我承认，尽管西方的统治在写作中亦有所体现，但这种专注于（或仅限于）讨论写作问题的方式也许会将其掩盖或否定。而你是掌握知识的一方，或多或少处于支配地位。

罗斯-玛丽·拉格拉夫：显然，你试图在细枝末节上进行纠正，但实际上并没有纠正任何东西。

安妮·埃尔诺：什么都没有纠正。

罗斯-玛丽·拉格拉夫：是的。

安妮·埃尔诺：我们无法谈论普遍的女性主义，不能将女性主义斗争与社会斗争割裂开来。我认为交叉性是显而易见的：女性不受制于男性的支配，她们因社会阶层差异和是否被种族化而体验不同的境遇。对我来说，这是基于生活经历和分析的坚定信念：我的工人阶级出身的姨妈们和我在书中读到的资产阶级女性之间有什么共同之处？我的母亲和我的婆婆之间呢？我想起母亲说过的关于婆婆的一句话："看得出来，她的成长方式和我们不一样。"这里的"我们"不仅仅是指"我和你"，更意味着归属于另一个社会阶层。我认为现在我在婚姻关系中承受和接受性别支配，主要是由于我自身在社会中处于受支配的地位。我的女性主义和你的一样，正如你所说，是一种"经验女性主义"。我完全同意你所写的："作为女性主义者，我们要一直战斗下去，直到终结对居住在贫民窟、神权政治国家或隔壁楼栋的妇女的一切剥削为止。换言之，要准备永远战斗。"[5]

我觉得现在有一种现象学女性主义很有趣，其代表人物是卡米尔·弗瓦德沃-梅特里（Camille Froidevaux-Metterie）。她和西蒙娜·德·波伏瓦一样，从"生活中的性别"出发，将身体作为男性统治的场所，同时也作为解放之地。但有一点我有些担心，与20世纪70年代的某种基于女性本性的女性主义一样，社会约束对女性的具体影响被掩盖，在所谓的"护理"职业中便是如此。

罗斯-玛丽·拉格拉夫： 交叉性一直是我所面临的难题，尤其是在论文的研究方向方面。在特定的背景和既定的主题下，如何统计权衡性别、阶级、年龄、性征和种族的影响？这非常困难。我们应当共同努力探索方法，而不是抨击关于性别和交叉性的伪理论。然而，当我们试图完善这一机制时，有些人却提出异议，认为我们将性别凌驾于阶级之上。这当中包括我的一些同事，我对他们的研究十分钦佩。我们一直在为性别研究获得科学上的合法性并进入科学研究机构而奋斗，但现在有人想要以未给予社会阶层认识论特权为由将其废除。我是一名阶级叛离者，只能反击这些批评者。我们必须回应他们的批评：男性叛离者忘记了自身性别的影响，他们还原了自己的阶级经历，却并没有提及性别经历。以布尔迪厄为例。我撰写的《与布尔迪厄共事》(*Travailler avec Bourdieu*)中有一个章节的主题是"受支配者的清醒"。在这一章中，我展示了在阅读他的作品《男性统治》(*La domination masculine*)时的欣喜之情和批判之举。读完他寄给我的手稿后，我曾给他写信，直言他对以往所有女性主义创作的否定必定会极大地影响其作品的接受度。我是对的，原因是他不承认女性主义的理论介入是认知上的斗争。在《自我分析纲要》(*Esquisse pour une auto-analyse*)一书中，他忽略自己的性别特权，只强调社会阶级出身。他坚持认为自己的人生经历"十分宽广"，却看不到在同一社会背景下所获得的不同地位之间存在着性别上的不平等。大学中的女性少有变动，她们绝口不提自己的人生轨迹，因为这些经历既不出色也不突出，不值一提。除非到了退休的年纪，她们才会说出来，以反抗因暴露社会出身而造成的玻璃天花板这一障碍。

安妮·埃尔诺：我很清楚，男性叛离者（第一个就是布尔迪厄）对男性特权的质疑并不足够。关于这一点，完全可以写一本书！通常情况下，男人无论是知识分子、艺术家、政治家还是其他身份，都很难去质疑男性处境和男性特征。在《男性统治》一书中，我觉得有些观点并不新鲜，似乎在哪里读到过。令我惊讶和困惑的是，它似乎在赞美爱情，认为爱情是越过男性统治和象征暴力的手段。

罗斯-玛丽·拉格拉夫：魔法岛，出现在以"支配与爱情"为主题的后记中。

安妮·埃尔诺：对，是魔法岛。我认为这是从私人之事中获得的灵感。他的确忽略了前人的努力，但"男性统治"这一概念和表达方式似乎就是从他的作品开始确立并普及的。

罗斯-玛丽·拉格拉夫：你说得对，布尔迪厄为"男性统治"刻上他的印记并赋予它合理性和知名度，而在当时的社会科学界，这一概念并没有得到太多的关注。我无意追溯源头，也不想探究谱系，但我留意到"男性统治"是莫里斯·戈德里耶（Maurice Godelier）的著作《伟大人物的产生》（*La production des Grands Hommes*）的副标题。[6] 他本人受到科莱特·吉约曼（Colette Guillaumin）、尼科尔-克洛德·马修（Nicole-Claude Mathieu）、玛丽-

伊丽莎白·汉德曼（Marie-Élisabeth Handman），还
有热尔曼·蒂永（Germaine Tillion）、安奈特·B.维
纳（Annette B. Weiner）和卡米尔·拉克斯特−杜雅
尔丹（Camille Lacoste-Dujardin）等人的影响，他们
都将研究置于父权之下。[7] 弗朗索瓦丝·埃里缇耶
（Françoise Héritier）则建立了男性至上原则的人类
学基础并强调其普遍性。但正如我在"第二类对话"
（专门为她写的一章）中所分析的那样，尽管埃里缇
耶在布尔迪厄去世时表达了敬意，他们之间的对立仍
然没有实际效果。[8] 在人类学的熏陶下，我有幸与米
歇尔·佩罗、阿莱特·法尔热等人一起加入了"女性
历史小组"。这个小组是让我改变方向的决定性转折
点：不是远离社会学，而是选取一种更复杂、更细致
的视角，考量知识、概念和范畴的历史性，同时兼
顾社会事实的建构方式。如果只限于女性同行，我
还阅读了尼可·罗茹（Nicole Loraux）、吕塞特·瓦
朗西（Lucette Valensi）、克里斯蒂安娜·克拉皮什−

52

祖贝尔（Christiane Klapisch-Zuber）等人的著作。⁹ 我
把所有这些学科成果拼凑在一起，试图从中找到属
于自己的方法。我曾在索邦大学跟随阿隆和古尔维
奇（Gurvitch）学习社会学，那时候没有一本经典著
作是由女性社会学家撰写的。没人能想象古尔维奇会
分析一本女性写的社会学方面的书！是马克思，只有
马克思，他以重视俄国著称并乐此不疲。参考女性撰
写的社会学书籍其实是晚近才有的事，首先是克里
斯汀·德尔菲的著作，然后轮到盎格鲁-撒克逊女性
作家。

安妮·埃尔诺： 弗朗索瓦丝·埃里缇耶对我
而言非常重要，她将男性统治建立在人类学研究
之上，也就是建立在科学方法之上。《男性/女性》
（*Masculin/féminin*）这本书在我心目中仍然像是《圣
经》。有意思的是，我在她的理论中找到了与个人生
活的共鸣，即男人之所以奴役女性，是因为发觉她们
带到这个世界上来的不仅有相似的后代（女孩），还

有不同的后代（男孩）。有一天，当母亲看到我带着两个十几岁的儿子朝她走来，她的脸上露出一种奇怪的表情，既有惊讶又不乏赞赏，她惊呼道："这两个大小伙子!"尽管这当中可以觉察到一种对男子气概的欣赏，但我更多地感受到了一位有两个女儿的母亲面对另一位生了两个儿子的母亲时难以置信的心情。

在《男性/女性》的结尾，弗朗索瓦丝·埃里缇耶对有关"男性年龄和男性特质"研究的缺失提出疑问，并将其视为一个"黑洞"，一种为人类遭遇辩护的沉默。[10]这是二十多年前的事了，她无疑是一位先行者。我认为，当前的女性主义，特别是自"MeToo"运动以来，正迫使男性坚定地质疑自己的男性特质。

我较晚才读到朱迪斯·巴特勒（Judith Butler）的书，她的理论让我颇为不安。我意识到自己在内心深处总是不自觉地从"女性身份"的角度思考问题。[11]然而，从性别角度思考问题大大改变了我们对他者的认识。这种女性主义，最初看似是纯粹的理论，如今却能深刻地颠覆异性恋规范社会。但我始终希望，社会差异和种族差异能够得到重视，这一点在克里斯汀·德尔菲的作品中有所体现。[12]

我还想谈谈女性历史学家米歇尔·佩罗和阿莱特·法尔热，她们的作品陪伴了我三十年。她们关注与生活经历密切相关的实际研究对象，都没有将女性史和社会史分开。我想到的是佩罗的作品《房间的历史》(*Histoire de chambres*)。她们通常用第一人称写作。在我看来，阿莱特·法尔热的《特拉维夫的双床房和鞋匠》(*La chambre à deux lits et le cordonnier de Tel-Aviv*) 和米歇尔·佩罗的《女工的忧虑》(*Mélancolie ouvrière*) 既是文学作品，也是历史作品。[13]

"用'我'来表述"

罗斯-玛丽·拉格拉夫：在社会学界曾经有一个

惯例（至少在我上学的时候是这样，现在已并非如此），规定用"人们"（on）来表述女性研究者与其研究对象之间的距离，从而去掉研究对象的特定人称。现在，大学生们对情境和对象进行反思，改用"我"来表述。我在创作《归于平静》之前从未用过"我"这个人称。在引言的最初版本中，我用的仍然是"人们"，幸好同事们指出了当中的不妥。于是，我紧紧抓住这个"我"，生怕陷入糟糕的自恋或者走向自我叙述。为了不向布尔迪厄所说的"传记幻觉"（illusion biographique）低头，我将这个"我"深植于我所经历过的不同情境，努力呈现它在每个情境中的构型和色彩。这个"我"只在与他人的关系中显现，由多个不同机构、团体和集体塑造和磨炼。它不是一个身份意义上的"我"，而是一个社会化的"我"。出乎意料的是，在写"我"的时候，我意识到我是在反抗自己的父亲。他总是反复强调一个规则，"在所有的孩子中，我不想看到任何一个过于突出"，从而将兄弟姐妹们组成一个难以区分且不可分割的群体。用"我"来表述意味着不服从这一规则，既觉得解脱，又有些忐忑，还不断纠结一个问题："也许这本书是我脱离这个兄弟姐妹群体的一种方式呢？"我做到了用"我"来表述，但并未将其个人化，原因是你的作品提醒了我。评论者们这么说，但我认为你也同意，从去掉特定人称的那一刻起，你用"她"来表述，用第三人称来写作，就具有了普遍性。用"我"来表述，我担心呈现的是个别事例，范围不够广泛。然而，当我的书得到认可时，我发现读者们并不看重我的个人经历是否独特，而是更强调为他们提供一面能反思自我的镜子。我曾经害怕用"我"，但最终它并未对我造成伤害。事实上，它给了我写作上的相对自由，让我受益良多。

安妮·埃尔诺： 我无法想象你的书用第三人称来写，更别说用"人们"了。你说第三人称具有普遍性，我并不赞同。在我看来，只要不以自我为中心，用"我"来表述反而更容易实现普遍性。而这并不仅仅取决于这个代词，更取决于我们在世界中赋予自己的位置。

罗斯-玛丽·拉格拉夫：你用"她"来表述，已经做到了。

安妮·埃尔诺：只有《悠悠岁月》和《一个女孩的记忆》中的一部分是如此。其他所有的作品，从第一部开始，都是用"我"来表述的。而你恰恰相反，坚守科学写作所使用的无人称方式。《悠悠岁月》的目的不是重塑我的个人经历，也不是回到我生命中的某个时刻（像《事件》和《羞耻》两部作品中那样），而是要讲述一代人的故事（这也是原本的书名）以及我们自身和周围发生的一切变化。当然，这是我从女性和某种程度上的"叛离者"的角度来看的。这个设想的由来是，我在四十五岁时敏锐地意识到时间的流逝，在对比我自己与20世纪50年代我的母亲以及整个世界的生活方式和思维方式时深觉震惊。尤其是对女性而言，这是多么巨大的变化啊！因此，我希望将"我"置于"人们"和"我们"之中，来回顾过往的岁月。然而，我花了很长时间才彻底放下这个"我"，因为我觉得这样缺少具体的表现：我的书与历史社会学著作有什么不同呢？在书中加入对个人照片的描述并配以回忆和对未来的展望，问题迎刃而解。至于《一个女孩的记忆》这本书，我想说是这个主题驱使我用"我"或"她"来表述。我远远地看着那个女孩，1958年她刚满十八岁，有过一次暴力的性经历，就像另一个"我"。从她的信仰和习惯来看，她生活在一个社会规则和道德准则与现在完全不同的时代。我就像拿着一架望远镜在看她。我意识到我对这种距离感越来越得心应手。而刚开始写作时，用"我"来表述其实是强人所难。这个词涵盖了诸多不同情况和经历，现在是时候将这种自由和我作为"叛离者"的故事及其特性联系起来。我秘密地创作了《空衣橱》。我没有告诉任何人，因为我深知书中的内容对身边的人来说过于暴力。但我依然坚定地继续写，一旦完成，我就会把它寄给出版商。为什么我对出版的可能性没有丝毫的怀疑？这当中有力量，是掌控写作本身，控制文字创作的进程，把握文字中发现真我和揭露真相的内容。此外，在八年前，三十二岁的我离开诺曼底，除了母亲，我与故乡不再有任何联系。而且我是独生女。你们可能会说，那你的母亲怎么出现在你的小说里呢？是的，她在里面露了脸。而且，当时她和我、我的丈夫以及我们的两个孩子住在一起。我觉得，如果我的父亲还在世，我不会写《空衣橱》，甚至也不会写《一个男人的位置》。但我的母亲不同。我二十二岁时对她说："妈妈，你知道吗，我正在写一本书"，她兴奋得满脸通红，她说："啊！很好啊，我要是懂的话，我也会喜欢做的。"她的意思是"如果我懂怎么写的话"。实际上，她允许我写作，甚至命令我这么做。

　　但我从未考虑过我的亲人或是其他任何人的反应

（这也是读者经常问我的一个问题）。我情不自禁地写下那些突然或渐渐涌上心头且应该被写下来的东西。对我的儿子们而言，《简单的激情》和《迷失》也许是难以阅读的文字。我在《简单的激情》的开头写道，写作应该走向"搁置道德判断"[14]，这或许是一种方式，能让人们接受这本书所表现出的颠覆性。事实上，我是在一种无比孤独的状态下写作的，仿佛在与文字"促膝谈心"。但我非常理解你在想到家人时会产生顾虑。

罗斯-玛丽·拉格拉夫：你刚才说，你心里藏着写作的念头：必须一吐为快，必须付诸笔端。写作是一种渴望，也是一种力量。这触及文学和社会学之间松散的界限。我不评判哪些在社会学上是可能的，但我密切关注社会学的进展。但我完全排除了你选用的一些主题：性、父母离世、简单和不简单的激情、在堕胎还是犯罪的时期所经受的折磨、在夏令营期间遭受性暴力，等等。你的作品和我的书之间的主要区别在于，你有能力推开甚至消除私密关系的界限，从而回归到女性主义的口号——"个人的即政治的"。在《简单的激情》和《事件》这两部作品中，你打开了这个无人敢看的潘多拉盒子。作为社会学家，无论是在与兄弟姐妹交谈中，还是在重现我的私人生活时，我都曾面临私密关系的边界这一棘手的问题。我小心翼翼，不去探听亲人的私密。在交谈的过程中，有些我已然知晓的伤口仍然讳莫如深。至于我的所谓"私人"生活，只有两个时刻——我的第一次忏悔和我同哥哥一起前往卢尔德朝圣——可以归类为私密，但我还是进行了自我审查，因为我主观地叙述了更普遍参与的仪式。这种自我审查有两个原因：一是我不善于利用社会学工具来把握私密性，二是我担心在自传式记录中过多地暴露自己，而在学术界这种记录方式的接受度不高。所以，我决定写一段人生历程，与我所忌惮的"我"保持距离。

为了以社会学家的身份描述这一轨迹，我坚持自传与自传式调查之间的差异。对我来说，重要的词是"调查"，即能够收集足够的资源和文件，以证明结果并不依赖于我的主观意识，而是基于经验材料。于是，我将家庭文件变成家庭档案，将母亲记录收支的记事本变成普通的"家庭账本"，将锁在一个从未打开的盒子里也从未读过的父母的订婚书信变为两个家庭联姻的证明。为了不把我家的情况孤立起来使之成为个例，我利用卡尔瓦多省档案馆和教育部门的档案资料，将兄弟姐妹的学习成绩与该地区学生的成绩进行了对比。根据当时关于多人口家庭和农村地区儿童入学情况的统计数据和研究，我能够表明，我们家孩子们的表现推翻了统计数据的预测。我强调了一个事实，我们并没有什么特殊的天赋，是各种因素汇聚在一起，确保我们通过学校获得了社会救助：老师想要把学生送进中学，父母希望少养活几口人，还盼着我获得国家助学金。然后，我把这些原始资料与我对我的兄弟姐妹和我两个儿子的采访进行比较，从而揭示成长轨迹的独特性和不同家庭叙事的差异。由自传转为调查，意味着要通过积累与资料分析来实现转向，这样就不会只留在我的记忆中。你有一本私密日记，而我从未写过日记。从那时起，我把一个"我"束缚起来，这个"我"总是一头扎进文件档案堆中，就像社会学界的做法一样，为了证明自己的观点，选择了回顾经历这条路线。我写这本书的目的是追踪我的家族三代人不确定的人生历程，了解这十一个孩子如何在没有"学业奇迹"的情况下被重新划分社会阶层。

安妮·埃尔诺：关于你的家庭和出身，我很感激你深入地探讨了天主教在家庭环境中的重要性。在20世纪50年代甚至60年代，宗教对法国社会的影响依然无处不在，但不同的社会阶层有不同的影响方式。在我母亲的家庭和我父母的顾客所处的工人阶级环境中，很少有宗教活动，即使有也仅限于女性参加。我的父亲并不信教，他偶尔参加弥撒也只是为了避免和我母亲发生冲突，他会坐在教堂的后排，以便更快地离开。而她，我的母亲，有着虔诚的信仰，她深信 1945 年我的破伤风被治愈是因为她让我喝了卢尔德的圣水（第二年她还会去那里感恩）。她带我去参加晚祷、祈福和游行，还把我送去私立学校。可以说，对她和我（直到十八岁）而言，宗教是自我完善、社会进步和文化提升的一部分。一个颇有深意的细节是：当女校长走进六年级的教室询问哪些学生要学拉丁语时，我没有征求母亲的意见，立即举起了手。而上这些课会使每个月寄来的账单上的金额翻两番！当然，拉丁语与弥撒有关，与我母亲在教堂高声吟唱的《圣母经》（*Salve Regina*）有关，是一种神圣的语言。此外，在天主教私立学校，我感觉到社会性的屈辱，对父母经营咖啡馆感到羞耻。但什么都抹不掉一个事实，即我是在灵魂拯救、死后重生等教义的熏陶下长大的。你保留着你的祈祷书，这让我颇为困惑。而我也留着我的那一本。

罗斯-玛丽·拉格拉夫：我不能无视天主教，它是整个教育的支柱，是我个人家庭的"教育圣经"，是通过规范、规则、手势和仪式来构建道德结构和整顿身心的基底。如果运用社会学家加布里埃尔·勒布拉（Gabriel Le Bras）的类型学 [15] 理论，我的家庭可归类为"虔诚派"，甚至可以说是典型代表。当天主教在法国仍占据主导地位时，我注意到阶级叛离者的轨迹中存在一处空白，即从未涉及宗教，所以我用了整整一个章节来讨论天主教。而更重要的是，我想了解天主教对家庭的持续影响如何成为严格的初级社会化的基石，不断地塑造罪恶感、负罪感、顺从感，以及对"同类"的尊重。无孔不入的天主教成了第二层皮肤，其影响让我的兄弟姐妹无法脱离宗教，于是我"虔诚"的家人们也成为法国社会中的芸芸众生。在写这本书的过程中，我还意识到，对我那患有自闭症的哥哥来说，天主教是一种安慰剂，一种非治疗性的治疗方案，用于实现与疾病共存。他的自闭症已经与天主教紧密相连，采用不一样的仪式（不同于因疾病而产生的仪式）来减轻痛苦并给予安慰。这是天主教不为人知的一面，远非简单意义上通过苦难获得救赎。

安妮·埃尔诺：这种做法我也见过。关于慰藉，如果必须给它个名声，只能说它的名声不佳，因为人们会把它与顺从混为一谈。我曾经怨恨我的母亲，她在谈起我那六岁时因白喉而去世的姐姐时，说她死的时候"像个小圣女"。当她唱起圣歌"去天堂，去天堂，去天堂，我要去见圣母！"时，我的怨恨更甚，因为她期望再次见到的是她的小女儿。但我承认，是这种信念让她坚持下来，让她承受住无法承受的痛苦。而我的父亲却想要自杀。对母亲来说，信念是一种生命的力量。按照你的区分标准，她属于虔诚派，而她对生活中的一切充满热情。就这样，我改变了某些激进的宗教立场。从某种程度上说，正是因为我自己是一个在天主教影响中长大的女孩，我才会捍卫穆斯林妇女戴头巾的权利。

罗斯-玛丽·拉格拉夫：完全正确。虽然从根源上说头巾是父权制的标志之一，但我从未写过关于戴头巾妇女的文章，从未贬低过她们，也从未对她们持反对立场。生活在神权政治国家，摘下头巾是一种颠覆行为；生活在宪法规定政教分离的国家，摘下头巾则可能是再度歧视戴头巾妇女的耻辱标记；在这两种情况中，摘下头巾都是政治上自我肯定的行为。此外，我深知天主教对我而言就是一条难以舍弃的头巾，有待时日才能挣脱。所以，我永远不会责备那些自称信仰宗教的人，除非宗教沦为战争的武器或政治权力的工具。

我仍然觉得，不能完全摒弃儿时所接受的天主教教义。这些教义构成了我的行为方式，其中一些把我拽入谷底，另一些则见证我摆脱束缚。所谓的"天主教价值观"，比如对身边人的爱，我将其转化为政治行动，以推行乐善好施的理念和实践，例如为无证移民或侨民提供支持。我知道，在不止一种情况下，我所接受的天主教教育依然发挥着作用。

安妮·埃尔诺： 我也认为，一些社会与政治行动的根源是转变原本被作为纯粹福音灌输的价值观。就我自己而言，我无法掩盖我在文学中注入了"拯救"的观念，即人生在世必须自我拯救。而且我要明确指出，是在不相信有来世的情况下。我还在写作中融入了关于分享和奉献的价值观念。不过，天主教所遗留的影响中还包括性罪恶感、七岁时因承认"单独或他人一起做坏事"而（根据教义术语）被预示要下地狱、对女孩贞洁的执念，等等。

罗斯-玛丽·拉格拉夫： 是的。但你能够将性罪恶感转变为讲述幸福或不幸的性经历，而我却对自己的性生活闭口不谈，这是我们之间最大的区别之一。同样地，相比于我成长的家庭，我在我的书中所选择的家庭只扮演次要角色，而我本该在这一点上多着些笔墨。读者们写信批评我："你对自己的描述不足。"我本可以分析同一社会阶层的婚姻对孩子父亲的家庭和我自己的家庭的影响、夫妻生活和共同生活的体验、婚姻破裂时的紧张关系等。作为一名女性主义社会学家，我本该这样做，因为"私人"世界的构建是整个社会的一部分。我说过，我进行了自我审查。我只是指出问题，并没有展开。在我这本书的逻辑架构中，我只保留了让我的孩子成为"继承人"的过程，这与布尔迪厄的观点相一致。强调我的阶级迁移遮蔽了我生活中的某些敏感面。如果没有足够的文献资料，介绍这些从个人角度来说成本会很高，而对它们进行分析从社会学角度来说具有风险。我意识到了这一缺陷，所以这并不是否认，而是我无法脱离社会学方法的规则和可预见的来自同行的评判。对他们来说，任何像自传的东西都意味着承认自己在社会科学研究方面已江郎才尽。我们之间最主要的区别之一在于各自学科背景和视角的影响。你用一本又一本书铺陈你的人生，叙述当中的故事，而我则将人生经历的不同片段浓缩在一部作品中。我本该转向文学创作，但我没有天赋、胆识和勇气这样做。而安妮，你打破了界限。你说："我是我自己的民族学家。"在用"我"来表述时，我的社会学写作却似乎有些混乱。在某些时刻，我觉得我的写作变得不受控制，抓不住社会学的方向。

安妮·埃尔诺：但是，社会学与哲学一样，甚至比哲学更多地被用来质疑我们自己和我们的生活。布尔迪厄所发起的支配社会学（la sociologie de la domination）尤其如此。但私密关系总是超出社会学的框架，而这是好事。你的书中有许多章节脱离了社会学的范畴。又或者说，这个框架是看不见的。当你描述自己的童年时光、家庭环境、兄弟克劳德、乡村学校时，一切都非常具体化，富有文学性。从这个意义上说，通过阅读你的作品，可以看到一些画面，还有伴随着你的感觉，比如当你探索巴黎、沉浸在工作中，等等。为什么有些女性（我也是其中之一）在你的书中看到了自己的影子？那是因为你让我们置身于与家庭生活、中学、大学等具体情境相关的情感和感觉之中。

我从不惧怕写私密关系，因为我在写作时觉得自己置身事外，就像是另一个人。这或许是一种存在于世界的方式。人们无法想象有什么比爱的激情更私密，但当我开始写作时，我完全有能力把每一个时刻分开，甚至能够把我的所思所想看作事物。把一切都看作事物。

罗斯-玛丽·拉格拉夫：就像涂尔干所说的。

安妮·埃尔诺：啊！是的，我记得！我和你说过吧，我是在鲁昂读完文学学位之后才开始学习社会学的。我遇到的那个男孩（后来我和他结婚了）就是一名在波尔多读社会学的大学生。作为一名纯文学专业的学生，我对社会学一无所知，而他不停地和我谈论社会学，不断地提起一些我从未听过的名字。于是，拿到高等研究文凭（相当于旧学制的硕士学位）的同时，我在鲁昂报名学习社会心理学并完成了三个月的课程。我的记忆有些模糊。在波尔多有布里科（Bourricaud），他痴迷于美国社会学，例如塔尔科特·帕森斯（Talcott Parsons）等。还有布东（Boudon），他当时是助教。

罗斯-玛丽·拉格拉夫：布东是我在索邦大学读书时的教授。他引入了多项选择题问卷形式，但我们都拒绝填写。

安妮·埃尔诺：我记得我还读过拉扎斯菲尔德（Lazarsfeld）的作品。

罗斯-玛丽·拉格拉夫：太勇敢了！

安妮·埃尔诺：我很快就把这些忘掉了。为什么我们会谈到这里呢？啊，对了，还有涂尔干，他主张脱离个人经历。我不能说这是不是与生俱来的，但我已经将其据为己有，作为接触现实的最佳方式。因为我在寻找文学与现实之间的关联，这是我有时受到批评的地方，但在我看来这才是关键问题。那么，文学能对现实、对整个社会做些什么？怎样做才能展现现实的厚度（即复杂性）？我之所以花这么长时间写《悠悠岁月》，是因为我想通过写作抓住不同的事件，捕捉人们的思维方式和记忆方式。

写作与现实之间的关系问题，我认为人们在写作时或多或少都会遇到。罗斯-玛丽，你也遇到过。还有另一个问题，不是来自我，而是来自评论家们和研究者们：你在写什么？是文学还是社会学？是自传还是报告文学？后来，为了不再被问到这些问题，我想出了一个新说法：我在写"个人-社会-传记"（auto-socio-biography）或"民族-社会-传记"（ethno-socio-biography）。

我觉得，我的书在一定程度上对社会及其运作方式发起了挑战，从这个意义来说，它们从未被接受（或者说从未仅仅被接受）为文学作品。这些作品引起的敌意表面上是出于文学原因，实际上是出于政治原因。十五年来，从《一个男人的位置》到《羞耻》，《面具与笔》（*Le Masque et la plume*）和《新观察家》等刊物的评论家们猛烈地抨击我的作品，拒绝给予其文学身份，将其归于民粹主义和社会主义现实主义（réalisme socialiste），因为他们本身对质疑资产阶级秩序（即他们来自或加入的阶级）的行为过敏。

罗斯-玛丽·拉格拉夫： 我并没有以同样的方式问自己关于社会干预的问题。怎么说呢？社会学揭示了构成社会网格的结构机制，这是基于并由多重支配所构建的一个不平等的网状结构。正如吕克·波尔坦斯基（Luc Boltanski）所说，揭露社会的本来面目，就是要表明它的发展并没有那么顺利，或者更准确地说，它是顺着强者的方向走的，极少背道而驰。[16] 这种揭露对世界继续朝着同一方向发展有影响吗？揭露这些不公正现象和支配关系已经成为一种表态，目的是明确每个人在社会中所处的位置，尤其是最受支配者、被剥夺行动能力者或反抗分配不公者的位置。这已然是一种姿态，让社会的专制和暴力失去合理性。相反，不要对我们的出版物和研究成果过于看重。它们虽已发表，但鲜有人知；它们公开透明，全民皆可用，毕竟不能忘记我们都是拿公务员工资的。但它们极少为最受支配的人群所掌握，伪造的政治用途却助长了"社会学是用于辩解而不是用于理解"这一想法。我认为（可以设想一下），如果与我们一起奋斗的社会行动者能掌握社会科学类的书籍进而给自己更多的知识工具，进步早就实现了。关于书籍对社会生活的影响，人们知之甚少。然而，作品出版后我收到了读者的来信（你收到的信件肯定更多），信中所说的与皮埃尔·布尔迪厄在《自我分析纲要》一书的末尾处所写的如出一辙：这本书帮助我们更清晰地看待事物，让我们能生活得好一点。我的作品通过类似的话语找到了合理性，或许还得到了对积极参与的认可。

当我说我是一名积极参与的社会学家时，首先要参与捍卫社会科学。尤其是当下，考虑到在俄罗斯、巴西和匈牙利所发生的事，我们不能只满足于躲在角落里做研究，而是应该在全世界范围内捍卫社会科学。我们的一些同行被抓进监狱、被禁止教学，又或者因院系关闭而失业。我在社会学研究上的参与也转向理论性。长期以来，我既没有法定自主权，也无法选择研究对象，所以一直在进行常规的社会学研究。布尔迪厄的研讨班和建议是一个突破口，我开始采用批判方法，尽管描述性的时刻依然重要，有了这些方法，社会学就不仅仅是一种描述了。突破描述的浅显意味着要解构各种预先假定和陈词滥调，要反思用以突出描述时无法察觉的要素和特性的类别和概念。例如在我的书中，对我所在小学档案的分析和所在地区及中学学业成绩的分析，验证了历史学家和社会学家长期以来形成的观点，即优等生荣誉是第三共和国用来自证合理性并突出奖学金获得者形象的一个神话。我发现，授予我的"优等生荣誉"是一个充满魔力的词，描述了对来自贫困阶层的孩子进行过度选拔的过程，要求他们在学校里加倍努力。所以，正如你所说，必须通过描述经历来实现。也正是由于读了你的文字，我才能生活得好一点，因为我不再感到孤独。这便是共鸣，有一个人，那就是你，把它写出来了。

"社会科学可以改变人生"

安妮·埃尔诺：我是第一个对"社会科学可以改变人生"深信不疑的人，其原因正如布尔迪厄所述。况且在他离世时，大多数证言都支持这一观点。人的一生中会经历许多困惑，有时甚至是很久远的事，然后你偶然遇到一本书，它把一切都展现出来，用文字表达出你的感受。我在1971年读到《继承人》一书时的情况便是如此。如今，我很难准确地回忆起是如何突然有所觉悟的，我意识到自己的人生经历贴上了"奖学金获得者"的标签，我身处资产阶级婚姻家庭中的种种姿态、拘束和羞耻感也找到了原因。但我知道，自这一刻开始，我不再从个人心理的角度思考问题，比如不再说自己"害羞"。我想写作，这个念头早已有之，尤其想集中精力写一写自1967年父亲去世以后一直令我耿耿于怀的事。接下来的一个月，我开始写我感受到的分离和背叛，但我没时间写，因为我即将到离家四十公里的地方担任第一份教职，而且我还有一个两岁半的孩子。二十岁时，我曾在日记中写下要"为出身复仇"而写作，但我远未领会这一誓言的全部含义。我想说《继承人》这本书起到了下达写作命令的作用，无论遇到的困难是私密性的（我们已经讨论过的自我曝光）还是物质性的（每天抽出两个小时来写书），都要继续写作。

布尔迪厄的文字让我的行动更坚决。我以《区分》一书为例，它对我通过父亲的故事不偏不倚地揭示家乡的生活、饮食及思维方式的愿望甚至是需要，产生了决定性的影响。再者，尽管布尔迪厄在《自我分析纲要》之前并未谈及自己，其个人感受依然透过无人称描述显露出来。又或者，就像在 20 世纪 70 年代人们常说的那样，我们知道他是"从哪里"开始写的。例如，他在《区分》中描绘的大众餐饮场景，字里行间都是"亲身"获得的深刻认识。[17] 在 18 世纪，人们说卢梭"让穷人感到骄傲"，我认为布尔迪厄亦是如此。他想让受支配者不以自己的身份为荣（这是民粹主义），而要对支配关系和建立与延续支配关系的因素有所觉悟。这一愿望是创作《一个男人的位置》《一个女人的故事》《羞耻》等作品的强大动力。

社会学提供了自我了解的钥匙。我还见过一个与布尔迪厄的"惯习分裂"[18] 概念有关的个人实例，它似乎可以解释我自青少年时期以来的全部生活。的确，我最初是通过写作才意识到这种"惯习分裂"的：我在《空衣橱》一书中写过，我被学校"劈成两半"，还有"我坐在两把椅子之间"。以前，我把这种无所适从的感觉看作是一种病态，甚至明确地提到了精神分裂症。而当我们用词语来表达感受和情境时，一切都改变了。我几乎可以说惯习分裂就是我的身份。它在某些社交场合还会继续显现出来。这是我理解世界的方式，也是我书写世界的方式。这曾经是一种难以理解的烦恼，让人感到痛苦，而如今我觉得这种惯习分裂更像是在内心深处提醒我自己注意社会分化和等级制度。这甚至像是一个机会，让我能在两个世界之间，处于一种未经选择的"参与式观察"状态（这又是一个社会学术语）。而你在书中没有提到惯习分裂的感觉。

罗斯-玛丽·拉格拉夫：你明确地说："我被劈成两半。"你也很早就这么写了。而我从未有过被劈成两半的感觉。这种惯习分裂十分活跃，在阶级叛离者身上屡被提及，那为什么我从未感受到呢？我认为有几个原因导致了这种缺失。借用贝尔纳·拉伊尔（Bernard Lahire）主编的丛书的标题[19]，在"阶级童年"，我已经惯于适应各种不同的情况。在我们村里，我的父亲因患肺结核遭到辞退，他和我的母亲在社会地位和居住位置方面降了级。但由于曾在大小修院接受过教育，他从未停止利用这一文化资本来谋求重新划分阶层。为了保持这一区别，他禁止我们在校外与村里的孩子们来往。因此，我第一次体会到"他们"和我们（即家里的孩子）之间的区别。此外，我母亲曾在巴黎的一个上层资产阶级家庭照看小孩，从那里学会了良好的礼仪。当所谓的"重要"人物、巴黎的老朋友们来做客，到了炫耀和展示餐桌礼仪的时候，她就会把那一套搬出来。平淡如水的生活与偶尔为之的表演有差异，加上与村里的孩子有区别，导致我在不同的行为方式之间摇摆不定，视不同状况（是在寻常日子抑或在露脸场合）而有不同的表现。接下来，每当进入截然不同的领域，我总是毫不费力就能适应。我在一家珠宝公司工作过两年，在这个我完全不了解的工人阶级世界里，我受到了热烈的欢迎，很快便如鱼得水。我的习惯似乎每次都在调整，颇有可塑性。当我进入高等研究院时，它又一次发挥作用了。我对这个冒险的过程记忆犹新，当时迫切想要了解和掌握学术界的规则，努力融入封闭的小团体，观察同事们的举止、言行和穿着，看他们如何沉稳地表达（这在我身上极少发生）。身处其中，这个我梦寐以求的高等研究院似乎不那么令人向往了。刚站稳脚跟，我就发现这是一个充满等级、优越感和骄矜的社会。但我很快能够找到自己的位置，多年来一直在这里愉快地工作。因此，我获得了一定的灵活性，与你恰恰相反。我觉得自己是混杂的，是一种混合体，介于两者之间，从未被劈成两半。为什么呢？因为你和迪迪埃·埃里蓬一样，还有……

安妮·埃尔诺： 还有爱德华·路易（Édouard Louis）。

罗斯-玛丽·拉格拉夫： 对，还有爱德华·路易。你们都"回归"了家庭。而我从未与家庭断开联系。我不曾回来，因为我从未完全离开。父亲生病了，哥哥是自闭症患者，我必须照顾。我们形成了一个大家庭，这种状态一直持续到哥哥去世。"形成大家庭"
意味着经常回到家里，这样一来，两个世界在我心
中共存，形成了一种充满张力但并无冲突或分裂的
合体。

安妮·埃尔诺：纠正一下，不同于埃里蓬和路
易，我从未切断与父母的联系。父亲去世后，母亲
搬到我家来生活，我也时常与亲戚们见面。不过，回
到没有内部分裂的问题上来，当我读到你的童年经历
时，有一件事触动了我，那就是你从来不说诺曼底方
言。而在你家里，大家都说得"挺好"。你明白上学
时语言的重要性吗？想象一下，你来到教室，说着诺
曼底方言，带着该死的口音，然后有人告诉你不要
那样说话。你能明白吗？我在小学一年级，甚至在
四五年级都受到过"指责"（这个词包含着暴力的意
味），不仅由于我说话的方式，还因为所谓的"粗俗"
举止。然而，这种粗俗对你的影响是根深蒂固的，它
来自你的父母，对你来说这并不是粗俗，而是你的世

界。你意识到应该改变身体里的这一切，还有说话的方式。但你不必这样做。

罗斯-玛丽·拉格拉夫： 的确如此。

安妮·埃尔诺： 所以，涉及童年和青少年时期，我站在爱德华·路易那一边。而作为女性，我站在你这一边。因为我们面对着男性的支配权，无形中受制于它。而埃里蓬和路易，他们从这种支配权中获益。包括在文学领域，他们很快就得到了认可，而我却花了十年时间。

罗斯-玛丽·拉格拉夫： 你在走布尔迪厄的路啊。

安妮·埃尔诺： 哦，是吗？

罗斯-玛丽·拉格拉夫： 因为他也有过不被认可的感觉，这是所有阶级叛离者共同的感受。

安妮·埃尔诺： 对我来说，更多的是感到惊讶：为什么我会得到认可？因为长期以来我其实一直生活在自卑的观念中。在我年轻的时候，没有其他的说法。我很难想象自己除了自卑还能是什么样子。

罗斯-玛丽·拉格拉夫：理解。但已经有一些博士论文以你的作品为研究对象，这些书被翻译成多个外语版本。1984 年，《一个男人的位置》还获得了雷诺多文学奖。尽管获得了各种荣誉，还总觉得心虚，这是阶级叛离者的又一个共同点。

安妮·埃尔诺：的确，这种心虚的感觉几乎是所有阶级叛离者共有的。而许多来自支配阶层的人却从不问自己是否心虚。他们"理所当然"就是合理的。我刚读过路易莎·尤斯菲（Louisa Yousfi）的作品《保持野蛮》(*Rester barbare*)，这本书由工场出版社发行，篇幅相当短。[20]她是一名记者，来自阿尔及利亚移民的家庭。她以卡泰布·亚辛（Kateb Yacine）的这句话为出发点：我必须保留一种野蛮性，必须保持野蛮。总的来说，她反对完全融入，还以说唱歌手布巴（Booba）为例，探究抵制同化的方式。保持野蛮与我在文学和媒体领域的经历相呼应。在我看来，支配阶层最迫切的愿望就是想要同化那些带着原生世界声音的人，简而言之，就是让他们中立。人们希望我忘掉使我的作品得以存在的一切，例如《一个男人的位置》和《羞耻》中所写的社会暴力。我不太看重文学奖项，用我童年时诺曼底的方言来说，它是一种取悦自己的方式。我不参加鸡尾酒会，不在文学圈里盛行的各种聚会上抛头露面。但我觉得必须时刻保持警惕和独立，以免被人利用，就像20世纪七八十年代人们常说的那样。对我而言，参与政治除了长期的必要性之外，也扮演了这个角色，是我的"归属"。

我在1974年写《空衣橱》时，对"阶级叛离者"这个词并不了解。直到十年后《一个男人的位置》出版时，国家农业研究院（现为法国国家农业食品与环境研究院）的一位研究员告诉我有一场克劳德·格里尼翁组织的研讨会，我才发现这一说法及其含义。这个词太适合我了，所以我习惯去使用它。不过我通常会补充说明，战争时期的阶级叛离者是故意背叛的，而我的情况不同。在"阶级叛离者"一词中，蕴含着一个决定和一种明确甚至坚定追求的意图。这个词不考虑时间和影响。最重要的是，它也不考虑社会等级和文化等级。如果社会和学校告诉我们用某种方式说话或者读某本书是好的，导致我们渐渐脱离家庭环境的喜好和作风，能说这是故意背叛吗？不能。"跨阶级"（transclasse）[21] 这个词也许更为准确。话虽如此，我还是无法忽视自己长久以来体会到的背叛感。现在，这种感受有所减少。为什么？因为我在写作。这是我年轻时的愿望，"我要用写作来为出身复仇"！但书的内容和形式不能背离这一目标。写作要尽可能直接地传播原初世界的经验。恰巧我的书引起了他人的共鸣，让那些已被埋藏或不可言喻的事情浮出水面。如果说我曾经有过背叛，那么我也是通过写作来赎罪的。

罗斯-玛丽·拉格拉夫： 我在 1982 年参加了格里尼翁和帕斯隆组织的研讨会，后来在此基础上写成了

《学者与大众》这本书。对我来说，作用好坏参半。[22]
在一场高水平的乒乓球比赛中，两位主角相互过招，
比拼创造力，给人一种思维活跃的印象。我非常感
谢这次研讨会，它为我提供了一个理念的框架，对
此前（1980 年）出版的《小说中的村庄》(*Le village
romanesque*) 一书进行批判性反思。[23] 但我觉得这种
交流太过理论化，于是鼓足勇气发言，提出经验案例
的问题。我以乔治·纳维尔（Georges Navel）和一些
农民作家为例，但每次都被两位老师打回原形，他们
说我的观点过于悲惨主义或民粹主义。我体会到了一
种象征暴力，它让我觉得心虚。而我想通过具体的经
验案例来表明，自学者是为了表达那些被正统文学遗
忘的人的苦恼而写作。我试图找到一个突破口，揭示
自学者、农民作家或无产阶级作家已经形成自己的合
理性并建立起自己的文学等级，他们彼此倾力相助，
像埃米尔·吉约曼（Émile Guillaumin）这样的作者，
也会得到知名出版社的认可。当然，这样的认可主要

是在本土，但这些自学者在自己的地方确实曾经风光无两。在我看来，让在文学领域处于受支配地位的文学作品得到关注不能归结为复兴事业或悲惨主义，因为这样做突显了对被剥夺了文学之名的文章的排斥机制。

尚塔尔·雅凯（Chantal Jaquet）关于跨阶级的书澄清了许多术语和概念，对我而言也是一部重要的作品。相比于"叛离阶级"，她更喜欢使用"跨阶级"这个词，因为它不会预先判断社会流动的方向，更中立也更开放，既可以指社会地位下降，也可以指社会地位上升。选用"阶级叛离者"可以理解成是为了表明社会地位上升的轨迹，在我看来，它比"跨阶级"更通俗易懂。正如你提到的，尚塔尔·雅凯谈论"背叛"或"叛徒"。而我从未有过背叛阶级的感觉，因为我并没有完全脱离我的阶级，它仍然以各种方式存在于我的生活中。此外，加入法国社会科学高等研究院的农村社会学研究中心迫使我重新审视我想要逃离的农村世界。在调查过程中，我对"留守者"（借用贝努瓦·柯卡尔作品的标题）以及他们在当地如何利用资源和应对障碍有了更深入的了解。[24]政治参与和政治信念也让我免受背叛感的困扰。从我加入为底层阶级争取权益的斗争那一刻起，似乎就在弥补我对阶级的背叛（如果存在背叛的话），在偿还我离开农村所欠的债。这意味着不能受资产阶级视野高度的影响，客观上讲，我现在属于资产阶级，但我拒绝接受他们的价值观和行为方式。

安妮·埃尔诺：我不知道是从哪一刻开始觉得自己是阶级叛离者的。我想应该是逐渐发生的吧。不过我确实有过一个绝对清醒的关键时刻。当时我和丈夫带着孩子住在安纳西，我已经两年没有见过我的父母，这是之前从未有过的事。我也没有听到他们的声音，因为他们没有电话。为什么我去看望他们的时候觉得自己是个阶级叛离者？因为我突然之间重新发现了父母的真实面目。我说的并不是他们在我心里的形象，而是他们的诺曼底口音、他们的说话方式、他们相互打断的习惯、他们的大呼小叫以及他们粗鲁的动作。当我住在他们附近时，我不太能注意到这些。他们依旧热情洋溢，与我在童年和青少年时看到的一样。是我变得不一样了。我从新的环境视角看他们，看清了他们在世俗世界中的处境。我觉得很痛苦，我们所待的厨房非常狭小，一扇推拉门通向咖啡馆。和过去一样，没有冰箱，也没有浴室或厕所。这在 20 世纪 60 年代是可以理解的，但越来越令人难以接受。这种感受既是物质上的，也是文化上的，更意味着"我已经不再属于他们的世界"。当然，感情还在，父亲高兴极了，母亲围着我的小儿子忙前忙后。孩子站在那儿，露出惊讶的表情，我知道我的世界已经变了。

经历这样的时刻相当罕见，这是一种社会顿悟，在非常特殊的情况下才能实现。电影《正发生》中有一个场景：怀孕的安娜去看望她的父母。吃饭的时候，她和他们一起收听广播节目。他们都笑了，她却保持沉默。我想起年少时类似的场景，当时我的父母在收听卢森堡电台的说唱艺人节目。我觉得这一幕很适合展示叛离阶级的女大学生。可以把她的沉默解释为"我不再像他们一样，这根本不好笑"，或者"要是他们知道我怀孕了……"，又或者"童年已经离我太远了……"。我认为，获取知识和文化比获取金钱更能让人成为阶级叛离者。

罗斯-玛丽·拉格拉夫：我是在写《归于平静》这本书的时候（在此之前并没有）才称自己为"阶级叛离者"的。当时需要描述自己的人生经历，这个修饰语契合我的个人特点。阶级叛离者不是天生的，而是后天形成的。在当选法国社会科学高等研究院研究主任的那一刻，我成了阶级叛离者，所以相当晚。再也没有任何理由或可能性被降低社会阶层，这真是一种巨大的解脱。

安妮·埃尔诺：要让事物清晰可见，必须为其命名。但有时候，这样做可能会导致思考受阻。我发现"阶级叛离者"的概念最终变得无所不包，甚至被当作一面挥舞的旗帜。因此，我们最终会陷入一种观念，即优秀的学生通过自身的成功来强化继承人优先的教育体系。

最初写《一个男人的位置》时，我找不出词来描述这种情况，我谈到了"距离"，将其与女佣和雇主之间的情况区分开来，并把这种距离比作"分离的爱"。就我的情况来说，这绝对是事实。如果我回到十年前，当我开始在作品《空衣橱》中讲述现在被定义为阶级叛离者的经历时，我脑海中浮现的是一个撕裂的形象，一个"劈成两半"的形象。此外，我记得我曾经想将这部小说取名为"裂痕"（La déchirure）。而《空衣橱》取自艾吕雅的一首诗"我把虚假的珍宝存放在空衣橱里"：这些珍宝就是让我通过考试并摆离出身的知识和学识。人生中的那一刻，也就是五年前，我突然意识到世界改变了。紧接着三天后，我父亲因心肌梗死去世，当时我正在父母家中，这是一个可怕的巧合……同年开学时，我在博纳维尔中学担任第一份教职。我是最后一个到的，被安排教授文秘和会计课程，课堂上的学生和里昂的一些中学（我曾经在那里实习过）里的学生不一样。我那时还没读过布尔迪厄的书，但我对教学有很多疑问，我发现了一些成绩优异但"出身低微"的学生。在我负责的初一班级里，最优秀的女学生是工人的女儿。有一天，总学监当着我的面抓住她的肩膀说："知道吗，帕特里西亚，你以后一定前途无量，比你的父母有出息。"这些话显然是出于善意的，却让我暗暗地感到愤怒和痛苦。不久之后就发生了五月风暴。接下来是大范围的质疑，学校也不例外。也就是在那时，我读了《继承人》以及伯德洛（Baudelot）和埃斯塔布莱（Establet）的《法国的资本主义学校》（*L'école capitaliste en France*）[25]。从那时起，准确地说是在1972年春天，我很想写一写我与我的出身之间的裂痕，这一愿望成了执念，而且我必须承认，婚姻不睦让这个执念越来越深。原因是我嫁给了一个中产阶级的男孩，尽管已经融入了他的圈子，还是时刻能感受到那里与我原本所属环境的差异。而且，当时我正参与争取自由堕胎权的斗争，加入了堕胎和避孕自由运动（MLAC）。我在二十三岁时秘密做过堕胎手术的事成了一扇门，我可以通过这扇门回顾我与所处环境之间的裂痕。

我在很大程度上偏离了"叛离者"这个词，因为我想表明个人经历和社会运动在意识形成和写作行为过程中的重要性。我还想谈谈阶级叛离者的写作选择，这对我来说是最主要的问题。在《空衣橱》这本书中，我不问自己任何问题，一直往前走，按照叙述者的感受去写，因此写得相当粗暴。当我想写我的父亲时，我遇到了"形式的道德性"问题：我一开始写的东西根本不符合我的想法，我觉得是错的。事实上，我是靠自己，通过不断摸索，对格里尼翁在与帕斯隆的对话中分析的民粹主义和悲惨主义进行验证。也就是说，很难不陷入对一种事实上是受支配的生活方式的赞美，也很难不落入对轻蔑或讽刺我所认同的做法或行为的称赞。这条狭窄的路，走在上面摇摇欲坠，很遗憾我称之为"平淡写作"。这种方式跟随着我一直到现在，常常就像根本没写过。我进一步解释一下"这是我用来给父母写信的方式，是为了告诉他们重要的消息"这句话，简而言之，就是一种事实性的写作风格。写完《空衣橱》这本书的时候，我深受困扰，怀疑自己写了一本面向资产阶级世界和"好人"的书，并没有意识到这是写作风格所致。关于我的父亲，就像我在一部小说的开头所做的，我从一个住在土坯房里的十二岁的放牛娃写起，就会让人觉得怜悯，引来居高临下的目光。平淡写作是一种方式，可以避免这样的目光。不引起注意，是我在主流世界的安身之道。这句话意味着"我什么都不亏欠你们"，尽管事实并非如此，显然我还是亏欠了文学，是文学塑造了我。最重要的是，不能忘记文学深受社会差别和等级制度的影响。社会学逃脱了，好吧，也许逃不掉。

罗斯-玛丽·拉格拉夫：你太好了。

安妮·埃尔诺：在文学领域，阶级的傲慢有时如此之明显。当然，还没有到蔑视的地步。我在国家远程教育中心用了十年时间准备中等教育教学能力证书考试，陷在作文和课文讲解等考核的条条框框中，而这些考核能否准确评估教学能力仍值得商榷。虽然我无法通过提供"标准答案"（在 20 世纪 70 年代仍被称为"标准答案模式"）来脱离作文的修辞方法，但我可以选择作者和主题。我想出了一些非传统的主题，如未完成的作品、文学作品中的物件、个人日记等，还有诸如"文学有性别吗？"之类的问题。因为我注意到作业中常常出现相同的参考评论，比如马拉美、瓦莱里、昆德拉，却很少引用女性的作品，所以试着提出不那么正统的观点。我始终认为必须从历史学和社会学的角度来解读文字。我竭力摒弃文学的精英主义表述，要培养的人在课堂上不会只想着传授名著，而是想给所有学生带来鲜活生动的文字，这就意味着要把握区分的尺度。

与此同时，更确切地说作为反馈，在这个级别的教学与我早年在博纳维尔中学以及随后在安纳西和蓬图瓦兹的学校教授技术课程的方式不同，让我对自己的写作有所思考。到国家远程教育中心后，我选择了研究自传，彼时它并不属于文学范畴。我读了菲利普·勒热内（Philippe Lejeune）的书，他刚刚写了《自传契约》（*Le pacte autobiographique*）[26]。那时候我已经用第一人称写了两本书，分别是《空衣橱》和《如他们所说的，或什么都不是》，但并没有承认这个"我"写的是我自己。我满怀热忱地做着这项工作，它引领我走向一个"我"，指的就是我个人和我的名字。我当教师一直当到退休，但这并不是我的位置。我所说的"这并不是我的位置"是什么意思呢？二十岁的时候，我想成为一名文学教师，这是很明显的事，因为我喜欢文学，也很想写作。我曾经自作聪明，笑着打趣说："教学对我来说是排在第二位的！"当然，实际上并不是那么不重要。我刚才提到了不同级别的教学在罗兰·巴特所说的"我的语言所处的社会领域"中发挥的作用。[27]这也确保我在经济上独立，让我和你一样，在离婚后能独自带着两个孩子生活。仔细想来，我一直认为教师是最适合我的工作。只是在退休之前，教学和写作常常难以兼顾。但在我内心深处拒绝"以笔为生"，我害怕不再有奇迹，担心下一本书会被拒稿，因为直到今天，我仍然怀疑自己写的东西是否有价值，只有读者的反馈才能让我心安。还应该想到上几代人，那些来自深远岁月的记忆，我成长的年代，只有工作才能让人不陷入苦难。这种对苦难的恐惧一直存在，我还记得二十岁时，我和一个在大学里认识的资产阶级朋友吐露过心声，她感到很惊讶，认为这不可能，因为我刚刚通过了预科考试……

在文学领域，成功与否并不取决于个人意志。我保留我的教职，甚至当了一辈子教师，远程教学让一切变得更容易。如此一来，我不必每年都写一本书，不必对成功过于执着，不必像许多作家那样，在比教学更繁重的写作工作中寻求收入。这让我能够保持文学中最重要的或许也是最纯粹的部分，远离物质世界。这当然是一种非常理想主义的看法，但我认为对形式的追求和内容的自由高于一切。对我来说，这才是最重要的。因此，我从不觉得自己是"退而求其次"（faire de nécessité vertu），而是依靠一份工作实现了我的写作梦想，这份工作是梦想的延伸，但显然两者的最终目的并不相同。

罗斯-玛丽·拉格拉夫：你使用的"退而求其次"这句话来自布尔迪厄，是他从笛卡尔那里学来的。[28]这种说法很适合我，因为它指引着我的人生思路：家庭的物质需求，我自己的经济需求。实际上，出于经济方面的需要，我在读大学时还是一家珠宝工厂的非正式雇佣员工。离婚后，我壮着胆子去找我的论文导师，请求他帮我在一个只接收师范生的机构"找份工作"，于是我"走后门"进入了法国社会科学高等研究院。我的职位是助理研究员，为了生活得体面些，我不得不在一所护士学校里教书。20世纪70年代，由于避孕的问题，我被迫在写博士论文的同时照顾两个年幼的孩子。而这种迫不得已是有前景和意义的，那就是在经济上独立。不过我并没有退而求其次，因为我从未放弃扫清在阶级迁移之路上遇到的障碍，同时也很清楚我所接受的天主教教育也起到了作用。很长一段时间，我在研究院一直是原地踏步，一路跌跌撞撞才当上科研主任，这也证明阶级叛离者的经历并不是一帆风顺的。

安妮·埃尔诺：嗯，不是的。

罗斯-玛丽·拉格拉夫：充满波折、意外和起伏，然后职业前景才逐渐清晰。

安妮·埃尔诺：在我的童年时期，好像没有人告诉我是要奋发图强还是安于现状。但仔细想来，我从父母的选择（他们只有我一个孩子，把我送进私立学校）中看到了对可能性的把握和实践。即使没有提升社会地位，也至少能比他们过得好。而这种可能性是通过上学来获得的。在我的印象中，父母并没有"逼迫"过我，他们只是满意地记录着我的好成绩，仅此而已。但我很快就在大家庭里赢得了名声，是那个在班级里成绩名列前茅的侄女成了特例。我的母亲对学习过程不甚了解，她的想法是"一定要继续"。所以我上了初中，而不是去"考证书"，拿到初中文凭后，继续准备高中毕业会考，按部就班地进入鲁昂中学。在那里，我觉得自我受到限制，长时间的学习让我有些吃不消。于是，我参加了"业士考试"，这样就可以在拿到高中文凭后进入师范学校的四年级。我的父亲喜笑颜开，对他来说，我在社会上已经有了自己的位置，学业上没必要再"攀高"了，这些都是未

知的，让他感到害怕。而我的母亲却大失所望。直到
我离开师范学校打算第二年去读大学时，她才真正地
放松下来。她对我没有通过教师资格考试的事耿耿于
怀，把失败的原因归结为我结了婚，还有了孩子。母
亲一直想要报复。首先是报复她的姑子们，这些女佣
曾经责备她们的兄弟，也就是我的父亲，说他"娶了
个工厂女工"。然后是报复社会的不公平现象，她要
通过女儿来出口气。

罗斯-玛丽·拉格拉夫：我也一样，在我的印象
中，父母从未要求我必须成功。首先，我从小就没
听过"成功"这个词。父母也从来没有为孩子设定过
明确的职业方向。他们只希望我靠自己解决问题。然
而，在这个诺曼底的小村子里，我们是"外乡人"，
也就是来自其他地方的人。对我的父亲来说，最重要
的是我们能在小学里成功。并不是为了成功本身，而
是作为与其他学生相区别的标志。他认为成功都是他
的功劳。当我和两个姐姐拿到了学士文凭时，他给我

们写了一封信，信里说："你们知道你们像谁吗?"我们的成功就是他的成功。而我的母亲，我觉得有些像你。我还记得她在拿到自己的学业证书之后哭着说："我的父母不希望我更进一步，免得我和妹妹不一样。"看到女儿和儿子学业有成，对她而言也许是一种复仇，她认为这是一个母亲应该做的。用保罗·帕斯卡利（Paul Pasquali）的话来说，我的人生轨迹首先要归功于"上升同盟"的支持。[29]

我的整个工作逻辑是要表明，仅仅有愿望是不够的，必须累积足够的资源才能实现愿望。我实现阶级迁移要感谢上升同盟，他们帮助我入门并确保我步步向前。他们既是个人也是团体。首先是我的小学老师们通过学校启动了一个尚不稳定的社会阶层上升过程，然后在我怀疑自己是否有能力接受高等教育的时候，卡昂高中的几位老师接手了。我的博士论文导师普拉西德·朗博（Placide Rambaud），一个已经被遗忘的名字，为我打开了通往法国社会科学高等研究院的大门。接下来，布尔迪厄为我开启了一种批判性视角，引导我反思研究方法和手段并自我反思，彻底改变了我进行社会学研究的方式。马克·奥热（Marc Augé）并不知道他起到了决定性的作用。他在担任法国社会科学高等研究院院长时，让我负责国际关系分部的工作，加速了我的职业发展。还有其他同事，他们是更低调的盟友，他们的友情使我更自信。你也是我的盟友，只不过你并不知道。你的书曾经是我紧紧抓住的救命稻草，我告诉自己，以你为榜样，就可以摆脱困境。

安妮·埃尔诺: 集体力量在你的人生经历中的重要性令我印象深刻。我在 1972 年至 1975 年所参加的女性主义运动中感受过这种集体力量，在中学当教师的时候也感受到了一些。但在我的写作生涯中，没有什么人可以称为帮手。我的盟友是作家，尤其是我读过其作品的女作家，简而言之，是一个无形的集体。就像现在，读过我的书的读者，以及研究我的文字的研究人员，在我周围形成了一个既真实又虚幻的集体，真实的一面在诸如公开会议上和我收到的信件中可感可见，虚幻的一面则隐藏在生活的点滴之间。

罗斯-玛丽·拉格拉夫：事实上，研究小组和团队在我的职业经历中也起到了重要的作用。我是兼职大学生，巴黎大学社会学学生团体[30]的支持让我在不到课堂的情况下修完了大课。女性主义是一个令我充满信心的领域，在这里我有能力采取行动，也有能力学习掌握话语权。我已经提到过女性史研讨会的影响，还应该加上由米歇尔·佩罗和乔治·杜比负责的《西方女性史》筹备小组，还有研究教师群体性别平等的短期小组，以及在法国社会科学高等研究院创立"性别、政治与性征"硕士课程的核心团队。这些举措确保性别研究在研究院内有了一席之地，同时我通过不懈的努力在院内外获得成绩，顺利当选为科研主任。在法国社会科学高等研究院，一直需要这种集体精神来搭建不同学科之间的桥梁，我努力将其传递给我的博士生们。指导博士论文并非易事。我觉得这一刻是教师工作中一个真正的转折点。以性别研究方向的博士为例，女性导师非常少，我有许多女博士生，必须跟进她们的进度。于是，我鼓励我的女博士生抱团合作，我只在她们有需求时才加入。她们组织各种小型答辩会，阅读并讨论巴特勒的著作，分享读书笔记，独立于我的判断来讲述所遇到的困难。这个团队还发起了 EFiGiES 和 Clashes 两个协会[31]，对包括我在内的所有女性都起到了激励作用。从 1990 年到 2000 年间，我对巴特勒的作品和酷儿研究一无所知，这让我的女学生们大失所望。是她们促使我更新了这个领域的益格鲁–撒克逊文献。在某种程度上，是她们教会了我。《归于平静》这本书是我向盟友和上升集体还债的一种方式，是他们帮助我度过了一个又一个难关。这是一种回馈，更证明了阶级迁移的历程是集体建设的结果。没有学术奇迹，也没有隐藏的天赋，有的只是各种因素的积累，包括必须把握的机遇、伸出的双手和融入核心团队的能力等。我的职业经历不像布尔迪厄那样波澜壮阔，但它符合我的实际情况，就像手套一样适合我。由此可见，成功取决于从哪个角度看待经历，它仍然是相对的，要看属于原初阶层的人或最终所在阶层的人的看法。对我的小学同学们来说，学业成功并不等于生活成功，因为留在村子里和"盖房子"才是成功的标准。从法国社会科学高等研究院的卓越标准和内部准则来看，我的成功是相对的，有一种名不正言不顺的感觉。归根结底，我的成功只是客观特征的体现，这些特征是我在职业经历中积累的，我能够根据走过的不同世界加以调整。

我很清楚，工作成就了我的人生轨迹，它是阶级叛离者唯一可用的资本。柏林墙倒塌后不久，我前往中欧国家调研社会科学的发展现状。[32] 那里的一些同事仍然深受苏联术语的影响，他们自称为"脑力劳动者"。这个说法延续了体力劳动者和脑力劳动者之间的等级对立，却忽略了那些"洗袜子"的女性，就像 1970 年我们在妇女解放运动中说的那样。而"劳动者"一词表明，他们都在同一个战壕里，就像地雷工兵，你开路打洞，为的是看到一些会显现在你面前的东西，因为你在用假设和误解让它逐渐显现出来。他们都拥有这样的力量、勇气和坚韧，只是工具没那么重，这便是区别所在。体力劳动需要整个身体的投入，而我们的疲劳主要是脑力上的。成为一名社会学家，将这份工作变成真正的激情，我深感幸运。当我把工作变成一种激情时，我会立刻警惕起来，原因是工作价值被政治利用会令被剥夺工作或被工作束缚的人背上污名。事实上，我正是通过工作并在工作中塑造了自己，我的人生轨迹就是证明。

安妮·埃尔诺：脑力劳动者，不，那不是我。尽管我花了很多时间来写作，也时常谈起我的写作"劳动"，我还是忍不住觉得这是一种奢侈。与我看到过且还会看到的身边的各种工作相比，我总觉得写作是一种奢侈。每次我去超市购物，站在收银员面前，看着她们重复动作，搬起一包包矿泉水，我都会情不自禁地想象自己在她们的位置上并告诉自己，她们的工作，我在二十岁时做不了，五十岁时更做不了，就像她们当中的某些人一样。20 世纪 60 年代，有一位名叫让-皮埃尔·沙布罗尔（Jean-Pierre Chabrol）的作家，他执意要把自己看作与体力劳动者一样的人。我记得我当时很震惊。怎么能把某些艰辛甚至危险的体力劳动与坐在温暖的书桌前写作相提并论呢？没有像我的表姐妹们那样被迫去工厂或缝纫车间工作，我已经觉得自己非常幸运了。那时候我大概只有二十岁。我知道收获不一样，遇到的问题也不一样。毕竟，这也是与身体有关的问题。你看，我快八十二岁了，做过好几次骨科手术，行走不便。但我的身体并没有像家族里的女性和我的母亲那样出现衰弱和营养不良的迹象。从我开始写作的那一刻起，身体的问题就对我很重要。

老年"路漫漫"

　　罗斯-玛丽·拉格拉夫：听你这么说，我觉得你的下一本书会聚焦老年话题。这也是我一直在思考的问题，又一次表明我们都关注自己的亲身经历。不过，我也看到了我们之间的差异。你总是从你的身体出发进行写作，即用身体写作，而我坚持与身体保持距离。回想起来，我觉得我掌控了自己的身体，确保它永远不会成为工作的障碍。我把它作为一种工作力量来维护。它一直保持得很好，我七十八岁了，还从来没有因为生病而影响工作。随着年龄的增长，我的身体向我发出了准确无误的信号：日渐变形的脸、回不到原位的肚子、失去光彩的眼睛，我还可以列举更多。要接受事实并不容易。但正如你所强调的，我的身体仍然是一个幸运的老妇人的身体，没有经历过体力劳动的艰辛，还享受着令人羡慕的退休金和如今越来越少见的预防性护理，而这些都是经过艰苦斗争才获得的社会权利。从某种程度上说，直到老了我才重新认识自己的身体，即使是与我形影不离的疲劳也没能成为一种警醒。然而，身体接二连三地出状况激起了我的愤怒，但这种愤怒很快转化为对共同命运的接受，同时我也试着去理解这种共同命运是什么。每当想到自己变老时，我就会记起芭芭拉（Barbara）的那首关于孤独的歌《活着的痛苦》："它发生时没有任何预兆，它来自远方，在海岸之间徘徊，然后当你在某个清晨醒来……"我认真琢磨这句"它来自远方"，从女性主义的角度提出了关于老年的另一个定义：变老意味着不再有能力行使自己的自由、独立和自主。[33] 因此，一定要提前考虑衰老问题，才能在人生的各个阶段发现阻碍或促进行使自由和自主的障碍和力量，因为这些障碍和力量不是耗尽力气就能获得的。这一斗争已经成为第二层皮肤。我并不是不知道这些收获因社会阶层和性别的不同而分配不均，但它们成了对抗衰老的一剂良药。前提是重新引入脆弱、虚弱、团结以及对他人和自身的担忧，来对抗竞争、竞赛、社会关系暴力、争相排挤等处于支配地位的价值观。人活一辈子，要安于变老，才能放慢工作节奏，捍卫与性能力无关的性欲，敢于说出身不由己的事，承认自己需要他人。这种方法始终警惕并坚决反对关于取消养老金和社会保障制度的周期性公告，有利于那些被剥夺自主机会的人，因为一旦取消这一制度，将进一步削弱最弱势群体的力量。关于老年的政治教训之一就是它有能力质疑处于支配地位的社会规范，正如西蒙娜·德·波伏瓦所说，"这关系到整个体制，要求只能是彻底的，即改变生活"[34]。事实上，老年是死亡降临的时刻，这是无法逃避的。我并不惧怕死亡，但面对前方的衰败和依赖，我感到极度焦虑。在这一点上，我要反抗。从女性主义角度，或者更简单点，从人的角度来说，我要自己决定什么时候死。我们曾经为自愿终止妊娠的权利（IVG:

interruption volontaire de grossesse）而战，现在要继续为获得自愿中止衰老的权利（IVV: interruption volontaire de vieillesse）而战。[35] 为什么不像卡布（Cabu）在《查理周刊》头版发表的"343 个坏女人的宣言"即 343 个自主堕胎的坏女人的宣言那样[36]，写一份 343 个想有尊严地死去的坏女人的宣言呢？决定是否活着和决定是否有尊严地死去，都属于对自己的身体负责的公民自由的要求，而我的身体已经表现出衰老的迹象。你看，我失控了，仿佛在我们交谈的过程中，你让我尝到亲密的滋味，敲碎了我作为社会学家的外壳。你的书早就开始让我心神不宁，而现在我坚信，无论付出什么样的代价，我必须掌握情感，搜索记忆，敢于去写。你悄悄地传递给我这种信念，不是以教育家的姿态，而是通过奇迹般的友好交流。或许在老年时期，因为见过了太多事，更愿意接受这些非教条式的讨论，也更容易抛开文学和社会学之间的界限。

安妮·埃尔诺：三年前，我在日记里看到自己三十五岁时写的一句话："不要去想这些事情，不要去想衰老和死亡，否则只会绝望。"在那个年纪，我拒绝想象自己会像我眼中的母亲那样老，她当时已经六十九岁了。在我的面前有一片广阔无限的天地，我甚至不在乎更年期。十年后，我改变了生活，独自一人，自由自在，未来的时间依然是不确定的，要用上课、写作和愉悦来填满。我无法想象自己六十岁的样子，也无法想象读大学的儿子成为独立的成年人，更不用说成为父亲了，就像无法想象2000年的法国和世界一样。我的母亲患有阿尔茨海默病，第二年便去世了。但现在，我发现自己独自面对死亡只是一个确认，而不是一种恐惧。我觉得母亲将她的力量留给了我，未来变得更加广阔。我借助激素替代疗法成功地度过了更年期，这可能也很危险，但我不知道，也不想知道。我坏掉的髋关节置换成假体。我的爱情生活比二十岁时丰富得多。如今，我认为我一生中最激烈、最充实的时期就是四十五岁到六十岁之间。罗斯-玛丽，我和你不同，我不相信可以为变老做准备，也不认为可以想象老年的感觉。也许可以准备退休和提前停止工作，但无法置身于十年、二十年，甚至三十年后的那个自己的身体和思想之中。提前准备好住平房，把房子改造成适合老年人居住的样子，这样做确实更好，但都是徒劳，因为衰老总会让你措手不及。与其如此，不如好好地活在当下。

我在六十二岁时被诊断出患有晚期乳腺癌。在网上查询后，我意识到康复的可能性很小。突然之间，我跌入了另一个世界。坐在区域快铁上，看着那些比我年长的女性，我心里的想法是"这下我永远不会老了"。我觉得自己就像一个死人，在活着的人群中苟延残喘。从那几个月起，我深信变老是一种幸运，我永远不应该忘记这一点。在过去的三四年里，我一直在观察我的衰老和它所带来的意外，还有体力流失、疲劳和夜间浅睡眠（不用安眠药），最重要的是活在世上的变化，尤其是对时间的感受及与自然的关系。

卢梭的《漫步遐想录》成了我最喜欢的作品。要怎么说呢，我想把老年变成一段享受的时光。这也意味着我和你一样，希望能自由选择在只剩下痛苦和衰败时结束生命，这是我现在必须打的一场仗。

后记：继续对谈

我们对书名应有所保留。抛开字面意思，这场"对谈"实际上是一种交流。在随意讨论的过程中，安妮·埃尔诺和罗斯-玛丽·拉格拉夫勾勒出一个由回忆、经历、阅读和并肩作战组成的共同天地。她们与自己和社会世界的距离使真正的对话成为可能，生活经历的相似性促成了一种真挚的共鸣，加上代际间的亲近感，拉近了这一距离。这种高要求和善意的结合与知识分子生活的日常形成鲜明对比，当知识分子的生活归结为评论文字和颁发奖项，或者更糟糕，沦为营销策略的小把戏时，显得如此可悲和可笑。在这种情况下，能够"真正地相互交谈和倾听"就成了一种抵抗。但还需要打破阻碍社会群体之间和跨越性别界限的思想自由流动的障碍。这两位女性主义阶级叛离者深知这一点。所以她们投入一场折射众多匿名读者经历的镜像游戏中。无论我们来自何方，她们都邀请我们展开解放性的自我分析，质疑甚至颠覆事物的秩序，认真思考集体解放的可能性。简而言之，继续这场对谈。

这种交流更有成效，因为它直接丰富了当前社会科学尤其是社会学方面至关重要的论题：将情感和私密关系作为调查的对象或维度；超越理论上和政治上的争议，通过交叉方法开辟实证研究领域；必须从社会学角度和女性主义视角思考老年和老龄化问题，而不是将其视为禁忌或单纯的生物学问题；挑战尽可能准确地描述阶级关系和处于受支配地位的文化；文学或学术自我分析的探索性潜力；对社会流动经验加倍警惕的必要性。在所有这些方面，两位作者提供了极具启发性的思考途径和研究途径，值得深入探索。

自传式调查与私密关系的边界

在《一场对谈》之前，安妮·埃尔诺和罗斯-玛丽·拉格拉夫已经有过三次会面。第一次是在 2001 年，为了参加在巴黎举办的一场以文学与社会阶层的关系为主题的研讨会。从 20 世纪 80 年代起，她们各自都读过对方发表的作品。20 世纪 70 年代初，作家埃尔诺在读过皮埃尔·布尔迪厄和让-克劳德·帕斯隆于 1964 年出版的著作《继承人》后深感震撼。她一直对社会学很感兴趣，甚至表示她在获得文学学士学位后就开始在鲁昂大学学习社会学。二十年后，她订阅了《社会科学研究》杂志，在当中发现了罗斯-玛丽·拉格拉夫早年的几篇文章。社会学家拉格拉夫酷爱读小说，她的职业生涯始于一篇关于 20 世纪 50 至 60 年代作家笔下乡村形象的论文，1980 年这篇论文以《小说中的村庄》为题发表。《空衣橱》（1974 年）和《被冻住的女人》（1981 年）刚一出版，她就迫不及待地读了，这两部作品与她的生活和女性主义观点产生了共鸣。两位女性首先远距离接触，然后见面，最终才找到真正交流的机会。

　　渗透在她们言谈间的反思性并非凭空而来。与年龄、性别、地域出身、社会轨迹和政治参与相关的共同经历使这种反思性能成为可能，虽然她们的人生经历存在着细微（但至关重要）的差异，但这些差异让反思更具深度和流动性。最重要的是，对自我分析长期且持久的兴趣在两位作者之间编织了一条共同提问的纽带。这就不难理解为什么从一开始作家埃尔诺就在社会学家拉格拉夫的《归于平静》[1]一书的副标题"一个女性主义阶级叛离者的传记式调查"中找到共鸣，认为它"可以定义（她）自己在文学上的探索"。她们都尽可能地远离自恋式的内省和以自我为中心的独白，迎接挑战，既从自己的视角写他人的生活，也从他人的视角写自己的生活，而不像在伟人的回忆录中那样追求塑造无所不能的"我"，也不像许多学者的自传那样沦为传记幻觉的牺牲品。[2] 她们强调偶然事件和各种团体在个人经历中的重要性，努力深入地重新思考继承与失衡、阶级关系的暴力和男性统治、社交时间和集体记忆等问题。这些都是近十五年来为认真对待文学的历史学家和社会学家进行反思所提供的合理角度，就像克里斯蒂安·伯德洛（Christian Baudelot）用莫里斯·哈布瓦赫（Maurice Halbwachs）的视角重读《悠悠岁月》一样。[3]

安妮·埃尔诺的全部创作都是从她作为阶级叛离者、女儿和妻子的经历出发，通过不同的方式探讨这些主题。她的作品与社会科学研究产生共鸣，在过去的四十年中受到几代社会学家的欢迎，获得了巨大的成功。[4]这种热情至少可以用她简洁有力的风格以及她在每本书中对经验材料的重视来解释。她从《一个男人的位置》开始就坚持"一种实录式写作，谨慎剔除价值判断，[……]，尽可能贴近现实，剥离情感"[5]，拒绝虚构和审美追求。与社会学调查和推理的接近立刻让她的作品吸引了许多教师和研究人员。这种事实性写作常常被误解，但它回应了真正的文学抱负，既不是纯粹而简单的现实记录，也不是民族学研究法的粗暴转换。安妮·埃尔诺的作品与皮埃尔·布尔迪厄的著作之间不仅仅是借鉴或影响，还有着明显的一家人的感觉，或许是结构上的同源性。她从未见过布尔迪厄，也从未将他算作她的众多书信朋友中的一员。但布尔迪厄去世后的第二天，她在《世界报》上发表文章，向他表达了崇高的敬意。[6]

虽然安妮·埃尔诺在其著作中调用的资料没有社会调查那么广泛，但同样丰富而充实。例如，一些零散的材料在《悠悠岁月》和《一个女孩的记忆》中可以找到，或者以日记的形式出现在《外面的生活》和《外部日记》中的照片（家庭、身份、阶层、熟悉的地方等）、个人信件（书信或明信片，包括那些寄给父母或儿时朋友的）、私密日记（从十六岁开始写）和写作日记（部分发表在《黑色工作室》中）、学校档案（档案、作业和成绩单）、不同年代的资料（杂志、广告、传单、海报等）。从 20 世纪 90 年代起，作者还增添了在超市、地铁和区域快铁现场观察到的场景，在广播或电视上听到的言论，以及在街道墙壁上的涂鸦。她利用一切可用的资源，进行了自克利福德·格尔茨之后人类学家所说的"深描"[7]。正如她在《羞耻》一书中说，通过成为"自己的民族学家"，她实践了一种自传式的调查形式，不需要理论、概要、脚注和参考书目，也不需要学术格式和学术笔调。

难怪罗斯-玛丽·拉格拉夫选择跟随安妮·埃尔诺的脚步，更甚于追随众多第一代知识分子的参考标杆——理查德·霍加特和皮埃尔·布尔迪厄。她强调这两位作者（他们仍然是重要的灵感来源）在男性倾向影响人生轨迹方面的认识存在一定的盲点，而她有所不同，她为《归于平静》一书做了大量实证研究。尽管她的同事们一直强烈抵触在调查叙述中谈论自己或把自己作为研究对象，她的作品还是超越了在一定程度上受控的个人回忆录。不同于作家埃尔诺在她的一些书中以过去时态谈论自己时使用单数第三人称，社会学家拉格拉夫只能在不离开科学领域的前提下硬着头皮用"我"来表述。于是，她得以展开一项自传式调查，其严谨程度不亚于任何社会学、人类学或历史学研究，还让她积累了大量一手资料，如深入访谈（对象包括她的七个姐妹、她的兄弟、她的孩子以及老师的孩子）、"家庭文件"（记事本、日程本、记账本）、学校及机构档案、相册、个人信件（她本人的和亲属的）、职业档案、标志其科研生涯的事件和出版计划的痕迹等。

罗斯-玛丽·拉格拉夫在这种自传式材料的基础上发展出一种独特的自我分析方法。方法是科学的，但其写作风格明显偏离了学术标准，在这一点上与伊维特·德尔索的作品如出一辙。[8] 与有时出现在研究指导资格认证或某些学术著作的辅文中的自我故事不同，她不满足于回顾人生道路上的主要时刻，还详细记录和分析了自己社会化的各个阶段：少女时期的教育受到天主教和父权制的影响；在索邦大学读书；孩子出生，夫妻分居后被迫打零工；开始参加女性主义活动；通过"偏门"（农村社会学）进入学术界，最初是法国社会科学高等研究院的临时雇员，然后担任助理研究员，最终得到正式职位；研究工作得以推进，接下来发表成果，培养了几代社会学家。她通过采用与任意其他受访群体相同的客观化程度标准，揭示性别与阶级的联合效应，以及兄弟姐妹的排行、父母对子女期望的转移、导致决定性人生转折的意外遭遇所产生的影响。

当然，调查有很多种形式。没有理由把作家的工作与社会学家的工作混为一谈，两者的受众和目标并不相同。这也是罗斯-玛丽·拉格拉夫认为自己在客观描述私密生活方面远不如安妮·埃尔诺的原因，她将这种克制解释为与女性主义口号"一切皆政治"背道而驰的自我审查。但也可以将其视为严格定义反思性所产生的效果：只有建立在足够一致的实证基础之上且能够更清楚地表述具有普遍意义的问题，自传性视角才具有社会学上的意义。文学创作，即使是与虚构相去甚远的文学创作，也为"我"提供了一定的位置和自由，这在学术界往往受到怀疑，但并不意味着这种方法的规则就是束缚。论证的艺术并不排斥创造的艺术，文学写作绝不是毫无根据的游戏。因此，安妮·埃尔诺声称不"做布尔迪厄"[9]，但承认自己欠了社会学家的债；她肯定"真正的写作是为了获得知识"，但认为这种知识不同于社会科学、哲学或精神分析方面的知识，而是"另一种知识，通过情感、主观性、[……]、内心最深处的声音[……]和语言的一致性来获得"[10]。

生活和描述阶级迁移

达成这种"一致性"的方式有很多，定义私密关系的方法也有上百种：私人生活、个人的过往、家庭的秘密？情感、伴侣关系、性？社会化的个人经历（《归于平静》中天主教道德观无处不在）、生活变故（《事件》中讲述的堕胎经历）？或者更广泛来说，熟悉的且不能透露给外人的一切事情？私密关系是斗争的焦点，其界限是不断变化的、不确定的。正如罗斯-玛丽·拉格拉夫所强调的，安妮·埃尔诺的叙述利用了这种可塑性，在不落入主观主义陷阱的情况下探索阶级迁移的各个情感维度：语言，即词句、口音、图像与声音、表达与沉默；身体，体现在面孔、姿态、轮廓、手势、衣着习惯或饮食习惯；地点，无论是近的还是远的、日常的还是特殊的、让人铭记的还是使人堕落的；个人物品，包括精心保存的、偶然寻获的、传承下来的；人生片段，与学校相关的（中学入学、竞赛和考试）或是与家庭相关的（结婚、离婚、葬礼）。还有敏感的记忆，关于欲望与创伤、疾病与消逝、羞辱与身体或象征性侵害等。这些记忆会突然涌现出来，比如漂白水的气味再度唤醒了安妮·埃尔诺儿时在伊沃托感受过的屈辱。当时她面对一位同学，他的厌恶反应显示出一种阶级歧视，尽管是无意之举，还是一下子把她带回到"几代都在使用漂白水的洗衣女工"[11]的时代。

在私人生活和公共生活之间的灰色地带，某些东西占据着特殊的位置，书就是这种情况。正如两位作者在对谈之初自己所解释的那样，书是她们的生活之本，其重要性在于它在生活经历与社会世界之间不断地来回。对她们和所有从事所谓知识性职业的人来说，阅读是一种重要而普遍的实践，既必不可少又"自然而然"。这种实践在奖学金获得者、自学成才者和其他文化资本新贵的职业道路上扮演着至关重要的角色，是通向另一种阶级文化的媒介，也是学业成功的必要条件。安妮·埃尔诺还记得，有几本书在她学习一门语言的过程中起到了决定性的作用，而这门语言很快就成为其作家和文学教师生活的核心：九岁时，她痴迷于《飘》；十八岁时，她热爱《第二性》。后来，她沉浸在弗吉尼亚·伍尔夫、马塞尔·普鲁斯特和乔治·佩雷克的作品中，拓展了自传式写作的想象边界[12]。她的母亲钟情于读小说，她最初阅读的作品都是母亲买给她或借给她的。但大多数时候，阶级迁移是在家庭之外由传递者（教师、朋友、远亲、学习伙伴或竞争伙伴、配偶等）实现的。罗斯-玛丽·拉格拉夫在《归于平静》一书中详细地回顾了两对教师夫妇的人生历程，他们是她最早的"上升盟友"[13]。她也提到了母亲作出的牺牲和父亲的策略，母亲"117个月（几乎十年）都在怀孕"，父亲身体残疾但有文化修养，竭力维持这个由十一个孩子组成的贫困家庭的生计和体面。至于那些标志性的阅读，从玛格丽特·杜拉斯到多丽丝·莱辛，还有弗吉尼亚·伍尔夫，早在她以自己的生活为主题进行写作之前就帮助她打造了一副新皮囊（她从未写过日记），她没有忘记强调它们所产生的巨大解放效果。

当环境发生改变时，安妮·埃尔诺和罗斯-玛丽·拉格拉夫发现自己的品位和习惯的确发生了变化，但作为女性，她们依然要面对自己最终所属的资产阶级内部顽固的偏见。她们必须推翻查尔斯·坦斯利（Charles Tansley）的预言，这是弗吉尼亚·伍尔夫在其作品《到灯塔去》（*La Promenade au phare*）中塑造的一个学者形象，他迂腐且厌恶女性，总是不断地重复"女人没有能力绘画和写作"[14]。然而，为什么要描述社会旅程，如何描述，用什么样的语言来描述？这个问题困扰着每一位作家，对那些将写作等同于翻译进而视为背叛的人来说显得尤为紧迫，是一个令人不安有时甚至令人崩溃的难题。为了在描述亲人的生活时不压抑她的失衡感，安妮·埃尔诺把让·热内（Jean Genet）的这句话作为其作品《一个男人的位置》的题词："我妄作一种解释：写作是背叛之后最终的自救。"跨越社会边界时，一切都会混杂在模糊的漩涡中：为一个处处沉默的世界作见证的紧迫感，因不回报就离开而产生的负罪感，欠债的感觉和对背弃的强迫性恐惧。当写作的欲望变得不可抑制，就需要找到恰当的词句来描述场景、地点和情感，而这些在学校和"伟大的文学"专属的"优美语言"中并不总能找到对应的东西。安妮·埃尔诺拒绝运用抒情和嘲讽,她找到了解决这一难题的方法。她的选择既符合道德要求又具有美感,那就是重新找回以往与父母书信交流时的语气,那时她与父母还属于同一个世界。

就像那些"无法翻译的"词,很难在不造成近似或曲解的情况下从一种语言转换到另一种语言,而我们会有意地或无奈地听之任之。在很多情况下(不仅在文学领域,而且在各种日常的互动里),原始的(而不是原创的)语言可以用来调和客观上对立的社会世界。当我们将《一个男人的位置》与同时代出版的其他自传体作品进行比较时,这种选择的意义就变得清晰起来。例如皮埃尔·米雄(Pierre Michon)的《微渺人生》(Vies minuscules),这部作品采用了繁复甚至精致的风格来重现祖先的世界,与安妮·埃尔诺的风格截然相反。[15] 然而,回归本源并没有让埃尔诺天真地以为会恢复失去的天堂，那里的支配关系神奇地消失了："有一些人欣赏'方言的别致'和通俗的法语。例如，普鲁斯特就很乐意指出弗朗索瓦丝的错误表达和老套用词。对他来说美感才是最重要的，因为弗朗索瓦丝是他的女仆而不是他的母亲。而他自己从来不觉得这些表达方式会自然而然地脱口而出。"[16]

社会科学要始终注意还原"本土"的观点和用词，这就是对类似问题的回应。它们一直以来都很清楚，在描述大众文化时存在着悲惨主义和民粹主义的危险。[17]同样的要求也适用于去尽可能忠实且不带阶级优越感地还原跨越社会边界的经历。[18]因此，调查要在相关人员原本所属的环境和当下所处的环境中展开。关于描述用词的争论也随之而来："向上流动者""高层跌落者""跨阶层者""社会离群者"抑或"阶级迁移者"。这些争论并不是在钻牛角尖。正如安妮·埃尔诺和罗斯-玛丽·拉格拉夫在交流中所提出的，虽然没有理想的解决方案，但词汇选择所指向的问题不尽相同，不同的术语强调或隐藏的现象和情感也不同。社会学家所期望的反思性对文学家和文学爱好者也是必要的：从司汤达到瓦莱斯（Vallès），从巴尔扎克到巴雷斯（Barrès），从伦敦（London）到尼赞（Nizan），许多讲述阶级叛离者生活的经典小说（通常是自传体小说）都弥漫着痛苦有益论、悲观主义甚至是病态的气息，构成了一个解释陷阱。这些作者创造或传播的刻板印象，表面上看起来如此"真实"，频频出现在一些学术描述或新闻描述中，实际上它们导致分析偏离方向，让人忘记还能以精神分裂或背井离乡以外的方式来体验社会空间的穿越。[19]

社会科学和安妮·埃尔诺的作品都对描述的准确性有要求，但这种要求绝不意味着否认环境变化或长期处于社会夹缝中的经历所带来的考验、痛苦和暴力的存在和重要性。正是通过挖掘这些差异及其在痛苦的记忆和看似微不足道的轶事中留下的痕迹，我们才能掌握支配关系或反抗既定秩序的一般机制。可以想想普鲁斯特在《重现的时光》(*Temps retrouvé*) 结尾处写的那句美丽而真实的话，这句话从青少年时期起就伴随着安妮·埃尔诺，概括了真正的自我分析的全部意义："悲伤是隐秘的、令人憎恶的仆人，人们与之抗争，却陷得越来越深，它是残忍的、不可替代的仆人，暗中将我们引向真理和死亡。"[20] 还必须小心，不要把记忆看作一个蓄水池，一个涌现原始事实的源泉，它只需要一个触发点，即绝妙的灵感或外部的刺激，就会重现那些曾经经历过的场景。内心深处的社会过往就像一个过滤器，是意识和无意识的叠加，其意义从来都不是完全固定的，仿佛在一个无休止且荒谬的拼图游戏中，每次识别出一种组合后都会不断地有新的碎片需要拼装。

社会科学，大众解放的武器

尽管如此，这个游戏还是值得的。无论回报如何，最重要的是社会科学有助于赋予意义。安妮·埃尔诺在回应罗斯-玛丽·拉格拉夫时说："我是第一个相信它们（社会科学）可以改变生活的人。"由于刻板印象具有显而易见的力量，在不太了解情况且意图不明的思想家眼中，这些学科往往被视为决定论的宣传者，而决定论无视我们作为"主体"的自由。作家继续说道："社会学与哲学一样，甚至比哲学更多地用于审视我们自己和我们的生活。布尔迪厄开创的支配社会学尤其如此。"随后她补充了一个重要的保留意见，提出一种方式，设想与文学汇合，实现共同的解放计划："私密关系总是超出社会学的范畴，而这是幸事。"《区分》一书的作者（即布尔迪厄）也表达了类似的观点。

所以，并非只有小说能带来解放。除布尔迪厄外，安妮·埃尔诺和罗斯-玛丽·拉格拉夫还通过阅读克里斯汀·德尔菲、弗朗索瓦丝·埃里缇耶、米歇尔·佩罗和阿莱特·法尔热的作品来实现知识上的自我塑造。她们都以自己的方式响应涂尔干的号召，（在《简单的激情》一书中逐字逐句地执行），搁置一切价值判断，希望获得关于社会世界的一点点现实且客观的认识。如果说女性主义运动为她们提供与男性统治作斗争的武器，那么社会科学则通过探讨现时所谓的"情境知识"（savoirs situés）让她们能够在知识、学者和知晓者中找到自己的位置。她们在职业生涯中获得的认可与此密切相关，但这还不足以解释她们有能力作出安排去调和她们所归属的多重世界且不感到受困于"惯习分裂"。如果社会科学不首先具备临床功能，就不值得花费一个小时的时间去研究。安妮·埃尔诺总结道："你在生活中会感受到许多困惑，有时是很久远的事，然后你遇到了一本书，它把这一切都铺陈开来，用词句表达你的感受。"实证结果、理论模式、统计图表和民族学案例实际上提供了一种缓解痛苦的方法，只需简单地对那些迄今为止似乎只是个人问题的事情去特殊化，或者相反，将那些实际上隐藏着具体利益的一般真理相对化。

社会科学还可以发挥批判作用，通过系统地调查，揭露看不见的不公，或者揭示很难察觉的支配机制，而那些机制只有在被置于更广泛的整体中和通常超出个人认知范围的总体规模下才能被察觉。将此分析层面与教育界人士时而受到批评的"高高在上的立场"相混淆，掩盖了社会批判可以从中受益的成果，前提是不要陷入统治阶级为某个"体系"服务而集体行动所策划的阴谋幻想之中。想要与既有信仰的决裂切实有效，就必须从我们自己所秉持的信仰开始。社会科学能够让人获得一种限制此类偏离的距离，而某些怀念五月风暴前的法国的思想极易将这些偏离归咎于社会科学。然而，任何对决定论的分析，即使是马克思的分析，也从未仅凭自己就足以发动群众。如果社会科学真的拥有人们所赋予的颠覆力量，那么每十年就会有一场革命。尽管如此，从历史的角度看，社会科学仍然是一种解放的载体，可以帮助受支配者认识到自己有权发声，能说"不"或说"我"，不再自认为低人一等、不合理或不适合。

安妮·埃尔诺和罗斯-玛丽·拉格拉夫对此颇有心得。安妮·埃尔诺在《悠悠岁月》中展示了 20 世纪 70 年代初的一个时刻，她自己以及数百万人的生活突然迎来了解放："无论以何种方式，不管是《继承人》还是那本关于性姿势的瑞典小书，一切都朝着新的智慧和世界变革的方向发展。[……]所有被认为正常的事物都不再是理所当然的。家庭、教育、监狱、工作、假期、疯狂、广告，一切现实都在接受审视，就连评论家的言论也要被刨根问底，你凭什么这么说话？社会不再天真地运转。买车、批改作业、生孩子，一切都有意义"[21]。半个世纪过去了，美好的明天依然遥不可及。但理由、希望和武器始终存在，努力提供一种新的智慧、一种快乐的知识，让世界重新焕发魅力，阻止社会盲目前进。一起重新开启自由生活的进程吧。并非只有回首过往才能"从再也回不去的时光中拯救些什么"[22]。

谨以此文纪念社会学家和阶级迁移者约瑟夫·卡西亚里（Joseph Cacciari），他于2022年6月10日猝然长逝，年仅三十九岁。他热爱文学和社会科学，喜欢阅读安妮·埃尔诺和罗斯-玛丽·拉格拉夫的作品。

生平大事记

安妮·埃尔诺

1940 年：出生于诺曼底的小城利勒博纳。

1946 年至 1958 年：就读于伊沃托的圣米歇尔寄宿学校。

1959 年：阅读西蒙娜·德·波伏瓦的著作《第二性》。

1964 年：结婚；第一个儿子出生。

1967 年：通过中等教育教学能力证书考试；父亲去世。

1968 年：第二个儿子出生。

1971 年：获得"现代文学"教学资格。

1972 年：阅读布尔迪厄和帕斯隆的合著《继承人》和《再生产》。

1972 年：发表作品《空衣橱》（伽利玛出版社）。

1975 年：定居于小城塞尔吉。

1977 年：开始在国家远程教育中心教法语；发表作品《如他们所说的，或什么都不是》（伽利玛出版社）。

1981 年：发表作品《被冻住的女人》（伽利玛出版社）。

1982 年：离婚。

1983 年：发表作品《一个男人的位置》（伽利玛出版社）。

1984 年：《一个男人的位置》获得雷诺多文学奖。

1987 年：发表作品《一个女人的故事》（伽利玛出版社）。

1992 年：发表作品《简单的激情》（伽利玛出版社）。

1993 年：发表作品《外面的生活》（伽利玛出版社）。

1997 年：发表作品《我走不出我的黑夜》和《羞耻》（伽利玛出版社）。

2000 年：从国家远程教育中心退休；发表作品《事件》和《外部日记》（伽利玛出版社）。

2001 年：发表作品《迷失》（伽利玛出版社）。

2002 年：发表作品《占据》（伽利玛出版社）。

2003 年：发表作品《写作是一把刀》（斯托克出版社）。

2008 年：发表作品《悠悠岁月》（伽利玛出版社）。

2011 年：发表作品《另一个女儿》（尼尔出版社）和《黑色工作室》（布斯克拉特出版社）。

2013 年：发表作品《回到伊沃托》（莫孔杜特出版社）。

2014 年：发表作品《看那些灯光，亲爱的》（"生活讲述"系列，瑟伊出版社）；发表作品《真正的归宿：与米歇尔·波尔特的对谈》（伽利玛出版社）。

2016 年：发表作品《一个女孩的记忆》（伽利玛出版社）。

2022 年：发表作品《年轻男人》（伽利玛出版社）；获得诺贝尔文学奖。

罗斯-玛丽·拉格拉夫

1944 年：出生于巴黎。

1946 年：举家从巴黎搬迁至诺曼底。

1955 年：获得奖学金，以寄宿生的身份进入巴斯德中学。

1963 年：高中毕业；进入索邦大学并定居巴黎。

1966 年：结婚；在凡尔赛女子高中担任学监。

1967 年：第一个儿子出生；辞去学监职位。

1968 年：第二个儿子出生。

1969 年：获得社会学学士学位。

1971 年：在普拉西德·朗博的指导下攻读博士

学位。

1972 年：离婚；在农村社会学中心获得临时职位。

1976 年：在法国社会科学高等研究院获得助理研究员职位。

1979 年：博士论文答辩，次年该论文以《小说中的村庄》为题在南方文献出版社发表。

1982 年：多次参加克劳德·格里尼翁和让-克劳德·帕斯隆主办的关于大众文化的研讨会；参加在图卢兹举行的"女性、女性主义与研究"研讨会。

1983 年：选聘为高级讲师。

1985 年：担任法国社会科学高等研究院国际关系办公室主任。

1987 年：主编《大地上的她们——女农民：一种职业的政治性创造》(*Celles de la terre. Agricultrice: l'invention politique d'un métier*)，由法国社会科学高等研究院出版社出版。

1987 年或 1988 年：在法兰西公学院与皮埃尔·布尔迪厄相识。

1990 年：文章《女性研究还是关于女性的研究?》(*Recherches féministes ou recherches sur les femmes?*)发表于《社会科学研究》杂志。

1991 年：《监护下的解放——20 世纪女性的教育与工作》(*Une émancipation sous tutelle. Éducation et travail des femmes au XXe siècle*)收录于米歇尔·佩罗和乔治·杜比主编的《西方女性史第五卷：20 世纪》(*Histoire des femmes en Occident*)，由普隆出版社出版。

1993 年：选聘为法国社会科学高等研究院研究主任。

1998 年：《坠落乌托邦之旅：为中欧辩护》(*Voyage aux pays d'une utopie déchue. Plaidoyer pour l'Europe centrale*)，由法国大学出版社出版。

2003 年：与皮埃尔·昂克维力联合主编《与布

尔迪厄共事》，由弗拉马里翁出版社出版。

2004 年：在法国社会科学高等研究院联合开设"性别、政治与性征"硕士课程。

2011 年：主编《中欧的共产主义碎片》（*Fragments du communisme en Europe centrale*），由法国社会科学高等研究院出版社出版。

2012 年：退休。

2021 年：《归于平静：一个女性主义阶级叛离者的自传式调查》，由发现出版社出版。

原　注

引　言

1. 安妮·埃尔诺在《写作是一把刀：与费雷德里克-伊夫·热奈对谈》（巴黎，伽利玛出版社，2011年/2003年）一书中将她的小说《一个男人的位置》（1983年）、《一个女人的故事》（1987年）、《羞耻》（1997年）以及《事件》（2000年）的部分内容描述为"个人-社会-传记式"。 罗斯-玛丽·拉格拉夫在其作品《归于平静：一个女性主义阶级叛离者的自传式调查》（巴黎，发现出版社，2021年）中使用了"自传式调查"的一词。

2. 参见皮埃尔·布尔迪厄，《自我分析纲要》，巴黎，行动理由出版社，2004年；理查德·霍加特，《纽波特街33号：一位英国平民阶层出身的知识分子的自传》，由克里斯蒂安娜·格里尼翁和克劳德·格里尼翁翻译，巴黎，法国社会科学高等研究院出版社、伽利玛出版社和瑟伊出版社联合出版，1991年/1988年；迪迪埃·埃里蓬，《回归故里》，巴黎，法亚尔出版社，2009年。

3. 正如罗斯-玛丽·拉格拉夫在《归于平静》（第270页）中谈到一种"结构性的、以男性为中心的无意识"时所强调的，这种无意识的以男性为中心是由社会所建构的。

4. 皮埃尔·布尔迪厄在《自我分析纲要》中使用的表述，

第 109 页。鉴于"叛离阶级"一词仍然与"逃离、抛弃甚至背叛的想法"相关，尚塔尔·雅凯提出了"跨阶级"的概念，将双向流动考虑在内。参见尚塔尔·雅凯，《跨阶级或非再生产》，巴黎，法国大学出版社，第 12—14 页。

5. "立场"或"观点"的概念是从唯物主义女性主义视角发展而来的，尤其是南希-C.M.哈索克在《女性主义立场：为一种特定的女性主义历史唯物主义奠定基础》中提出，该文收录于《女性主义立场理论读本》，桑德拉·哈丁（主编），纽约，劳特利奇出版社，2004年，第 35—53 页。这是一种"根据所经受的情境而非女性化、本质化的观点而构建的立场"（艾尔莎·多兰，《性、性别与性征：女性主义理论导论》，巴黎，法国大学出版社，2008 年，第 20 页）。

6. 参见克里斯汀·德尔菲，《主要的敌人（第一卷）：父权制的政治经济学》，巴黎，西来普斯出版社，1998年，第 271—272 页。她在书中明确指出："'社会压迫'是一种赘言：政治原因（即社会原因）这一概念是压迫概念不可分割的第一部分。"另见艾尔莎·多兰，《性、性别与性征》，第 12—13 页。

7. 罗斯-玛丽·拉格拉夫，《归于平静》，第 71 页。

8. 参见安妮·埃尔诺，《另一个女儿》，巴黎，尼尔出版社，2011 年。

9. 罗斯-玛丽·拉格拉夫，《归于平静》，第 97—109 页。

10. 安妮·埃尔诺，《一个男人的位置》，巴黎，伽利玛出版社，1983 年，第 64 页。

11. 安妮·埃尔诺，《羞耻》，巴黎，伽利玛出版社，1997

年，第 117—118 页。

12. 同上书，第 13—16 页。

13. 安妮·埃尔诺，《一个女孩的记忆》，巴黎，伽利玛出版社，2016 年，第 149 页。

14. "布丽吉特"系列小说共有 35 本，1925 年首次以连载形式刊登在《茅屋夜谈》杂志上。该系列由贝尔特·贝纳吉创作至 1972 年，然后由其合作者西蒙尼·罗杰-韦塞尔创作至 1998 年。

15. 安妮·埃尔诺，《被冻住的女人》，巴黎，伽利玛出版社，1981 年，第 32 页及第 74—75 页。

16. 罗斯-玛丽·拉格拉夫，《归于平静》，第 272 页。

17. 同上书，第 275—276 页。

18. 同上书，第 280—281 页。

19. 参见艾尔莎·加勒朗和达尼埃尔·凯尔格特，"同质性还是交叉性？论社会关系的交织"，《新社会实践》第 26 卷，第 2 期，2014 年，第 44—61 页。

20. 参见罗斯-玛丽·拉格拉夫，"受支配者的清醒"，收录于皮埃尔·昂克勒维和罗斯-玛丽·拉格拉夫主编的《与布尔迪厄共事》，巴黎，弗拉马里翁出版社，2003 年，第 311—321 页。

21. 皮埃尔·布尔迪厄，"一场保守的革命：出版领域"，收录于热罗姆·布尔迪厄和弗兰克·布波编写的《微观世界：场域理论》，巴黎，行动理由出版社，2022 年，第 455—489 页，此处为第 458 页。

22. 罗斯-玛丽·拉格拉夫，《归于平静》，第 234 页。

23. 保罗·帕斯卡利，《精英统治：精英、大学校和才能的不幸（1870—2020 年）》，巴黎，发现出版社，2021

年，第 9 页。

24. 2022 年 12 月 10 日，安妮·埃尔诺在斯德哥尔摩接受诺贝尔文学奖时的演讲。

25. 尚塔尔·雅凯，《跨阶级或非再生产》，第 97 页。

26. 安妮·埃尔诺，《一个男人的位置》，巴黎，伽利玛出版社，1983 年，第 23 页。

27. 安妮·埃尔诺，"以身体为证"，收录于让-皮埃尔·马丁主编的《布尔迪厄与文学》，南特，塞西尔·德福出版社，2010 年，第 23—28 页，此处为第 27 页。从 2005 年开始，作家就使用了"疏离式写作"的方式：安妮·埃尔诺，"结语：写作的缘由"，收录于雅克·杜布瓦、帕斯卡尔·杜朗和伊夫·温金主编的《象征与社会：皮埃尔·布尔迪厄思想的国际接受》，列日，列日大学出版社，2005 年，第 361—365 页，此处为第 363 页。

28. 安妮·埃尔诺，《一个男人的位置》，第 24 页。

29. 皮埃尔·布尔迪厄，《自我分析纲要》，第 127 页。

30. 关于这种与原本所属社会世界的客观疏离，以及通过职业道路与之保持联系的事实，可以将安妮·埃尔诺的情况与皮埃尔·布尔迪厄和阿普杜勒马利克·萨亚德的情况进行比较。布尔迪厄和萨亚德这两位朋友在阿尔及利亚解放战争期间曾经"以社会学家的身份战斗"。参见阿明·佩雷斯，《以社会学家的身份战斗：皮埃尔·布尔迪厄和阿普杜勒马利克·萨亚德在一场解放战争中（阿尔及利亚，1958—1964 年）》，马赛，阿戈纳出版社，2022 年，第 51 页。

31. 皮埃尔·布尔迪厄和让-克劳德·帕斯隆，《继承人》，巴黎，午夜出版社，1964 年。

32. 安妮·埃尔诺，"结语：写作的缘由"，第 361 页。

33. 安妮·埃尔诺，"以身体为证"，第 26 页。

34. 安妮·埃尔诺，《写作是一把刀》，第 95 页。

35. 克劳德·格里尼翁和让-克劳德·帕斯隆，《学者与大众：社会学和文学中的悲惨主义和民粹主义》，巴黎，法国社会科学高等研究院出版社、伽利玛出版社和瑟伊出版社联合出版，1989 年。

36. 罗斯-玛丽·拉格拉夫，《归于平静》，第 247 页。

37. 德尔菲纳·诺迪耶，"大地上的女性：与罗斯-玛丽·拉格拉夫的访谈"，《政治》，2018 年，线上资源：www.politika.io/fr/entretien/femmes-terre（2023 年 1 月查询）。

38. 同上。

39. 罗斯-玛丽·拉格拉夫，《归于平静》，第 381 页。

40. 安妮·埃尔诺，《写作是一把刀》，第 39—40 页。

41. 安妮·埃尔诺，《羞耻》，第 40 页。

42. 安妮·埃尔诺，《黑色工作室》，巴黎，布斯克拉特出版社，2011 年，第 59 页。

43. 同上书，第 166 页。

44. 同上书，第 109 页。

45. 安妮·埃尔诺，《一个女孩的记忆》，第 96 页。

46. 关于理论与经验之间的相互关系，它与实证主义对两者的分离相对立。参见西奥多·W. 阿多诺和乌苏拉·雅利施，"关于当今社会冲突的评论"（1968 年），收录于西奥多·W. 阿多诺的《社会学的冲突：批判理论与社会科学》，由 P. 阿尔努等人翻译，巴黎，巴约出版社，2016 年，第 361—386 页，此处为第 371 页。

47. 安妮·埃尔诺，"安妮·埃尔诺，区域快铁上的小说家：与安德烈·克拉维尔的访谈"，《星期四事件》，第108—109 期，1993 年 4 月 29 日。

48. 应注意，在阿多诺看来，"原初社会学经验"这一概念与现象学中关于直接经验的理念和将经验纳入既定方法论框架的实证主义方法相反。关于这个主题，参见雅思明·阿夫沙尔，"关于原初社会学经验的说明"，将发表在皮埃尔·布尔曼等人主编的《不可调和性：阿多诺关于〈最低限度的道德〉的探讨》一书中，维也纳-柏林，图里亚和康德出版社，2023 年。

49. "社会中的不可听性"这一概念是埃莉斯·于歇在她正在撰写的博士论文（巴黎西岱大学）中创造的，论文题目为"主观化与话语：当代哲学中话语权获取问题分析"。

50. 西奥多·W. 阿多诺和乌苏拉·雅利施，"关于当今社会冲突的评论"，第 380 页。

51. 另可参见奥雷利·阿德勒，"安妮·埃尔诺，女性世纪的作家"，《当代观察》，2022 年 10 月 22 日，线上资源：aoc.media/critique/2022/10/20/annie-ernaux-lecrivaine-du-siecle-des-femmes/（2023 年 1 月查询）。

52. 在这里，我们想到的是围绕一部作品进行媒介活动的整个参与者网络：译者、作者、出版从业人员、记者、评论家和代理人、发行商、书商、读者等，他们影响着一部作品被阅读、传播和评论的方式。

53. 德语语境下，参见菲利普·拉莫斯和马库斯·特维尔曼，"个人社会传记，一种流动的形式"，《语境》专栏，2021 年，线上资源：journals.openedition.org/contextes/10515

（2023 年 1 月查询）。法语语境下，参见韦罗尼克·蒙特蒙，"个人社会传记"，收录于弗朗索瓦丝·西莫内-德南主编的《自传词典：法语自我书写》，巴黎，欧诺雷·尚皮翁出版社，2017 年，第 99—100 页。该条目将安妮·埃尔诺创造的术语描述为可应用于 20 世纪最后二十五年出现的一种趋势，将个人历史与社会关系，以及文学和分析的方法结合起来。

54. 皮埃尔·布尔迪厄，《自我分析纲要》，第 142 页。

55. 德尔菲纳·诺迪耶，"大地上的女性"。

一场对谈

1. 2001 年 1 月 10 日至 12 日，克里斯蒂安·伯德洛、埃里克·法辛、弗雷德里克·马通蒂、塞巴斯蒂安·维卢在社会科学实验室（巴黎高等师范学院-法国社会科学高等研究院）组织了"文学与社会科学"研讨会。受邀参会的人员中（参见会议日程：calenda.org/185992，2023 年 1 月查询）有历史学家、社会学家、人类学家和政治学家，还有迪迪埃·达宁克斯和安妮·埃尔诺两位作家。

2. 安妮·埃尔诺，《写作是一把刀：与费雷德里克-伊夫·热奈对谈》，巴黎，伽利玛出版社，2011 年 /2003 年。

3. "要么从'女性特质'的角度颂扬性别差异，要么从文化的角度强调文化制约"，出自弗朗索瓦丝·皮克的《女性解放：四十年的运动》，布雷斯特，对话出版社，2011 年，第 325 页。

4. 这所巡回学校创立于 2016 年，组织研讨会以支持社会科学博士生的培训，同时鼓励马格里布国家、撒哈拉

以南非洲国家和欧洲国家之间的科研往来。第一期于
2016 年在巴马科（马里）举办，第二期于 2017 年在
圣路易（塞内加尔）举办，第三期于 2018 年在科托努
（贝宁）举办，第四期于 2019 年在苏萨（突尼斯）举
办，第五期于 2022 年在布瓦凯（科特迪瓦）举办。

5. 罗斯-玛丽·拉格拉夫，《归于平静：一个女性主义阶级
   叛离者的自传式调查》，巴黎，发现出版社，2021 年，
   第 271 页。

6. 莫里斯·戈德里耶，《伟大人物的产生：新几内亚的巴
   鲁亚族群中的权力与男性统治》，巴黎，法亚尔出版社，
   1982 年。

7. 参见科莱特·吉约曼，《种族主义意识形态：起源与当
   前语言》，巴黎-海牙，穆彤出版社，1972 年；玛丽-伊
   丽莎白·汉德曼，《暴力与诡计：希腊村庄里的男人和
   女人》，艾克斯，南方出版社，1983 年；卡米尔·拉克
   斯特-杜雅尔丹，《民族学领域的女性对话》，巴黎，马
   斯佩罗出版社，1977 年；尼科尔-克洛德·马修，《政
   治解剖：性别的分类与意识形态》，巴黎，女性出版
   社，1991 年；热尔曼·蒂永，《妻妾与表亲》，巴黎，
   瑟伊出版社，1966 年；安奈特·B. 维纳，《女人的财
   富，或男人的精神如何产生：特罗布里昂群岛》，由理
   查德·萨班和达尼埃尔·范德维尔德翻译，巴黎，瑟伊
   出版社，1983 年 /1977 年。

8. 罗斯-玛丽·拉格拉夫，"关于男性原则在社会中支配
   地位的第二类对话"，收录于让-吕克·亚马尔、埃曼
   纽尔·特雷和玛格丽塔·克桑塔库主编的《关于物质：
   献给弗朗索瓦丝·埃里缇耶的文字》，巴黎，法亚尔出

版社，2000年，第457—469页；弗朗索瓦丝·埃里缇耶，《弗朗索瓦丝·埃里缇耶：坚持不懈的要求》，《世界报》，2002年1月26日。

9. 参见尼可·罗茹，《悲剧中杀死一个女人的多种方式》，巴黎，阿歇特出版社，1985年；尼可·罗茹，《服丧的母亲们》，巴黎，瑟伊出版社，1990年；阿莱特·法尔热和克里斯蒂安娜·克拉皮什-祖贝尔（主编），《夫人还是小姐？女性孤独之旅（18世纪至20世纪）》，巴黎，蒙塔而巴出版社，1984年；克里斯蒂安娜·克拉皮什-祖贝尔，《文艺复兴时期意大利的女性、家庭和仪式》，由莉迪亚·G.科克伦翻译，芝加哥，芝加哥大学出版社，1985年；吕塞特·瓦朗西，《攻占阿尔及尔前的马格里布（1790年至1830年）》，巴黎，弗拉马里翁出版社，1969年。

10. 弗朗索瓦丝·埃里缇耶，《男性/女性：差异之思》，巴黎，奥迪勒·雅各布出版社，1996年，第303页。

11. 朱迪斯·巴特勒，《性别麻烦：女性主义与身份的颠覆》，由辛西娅·克劳斯，巴黎，发现出版社，2005年/1990年。

12. 克里斯汀·德尔菲，《分类，支配：谁是他者？》，巴黎，工场出版社，2008年。

13. 米歇尔·佩罗，《房间的历史》，巴黎，瑟伊出版社，2009年；米歇尔·佩罗，《工人的忧虑："我十二岁时以学徒的身份入行"》，格拉塞出版社，2012年；阿莱特·法尔热，《特拉维夫的双床房和鞋匠》，巴黎，瑟伊出版社，2000年。

14. 安妮·埃尔诺，《简单的激情》，巴黎，伽利玛出版社，

1992 年，第 12 页。

15. 加布里埃尔·勒布拉，《宗教社会研究（第二卷）：从形态学到类型学》，巴黎，法国大学出版社，1956 年。

16. 吕克·波尔坦斯基，《让现实变得不可接受：论主流意识形态的产生》，巴黎，德莫波利斯出版社，2008 年。

17. 皮埃尔·布尔迪厄，《区分：判断力的社会批判》，巴黎，午夜出版社，1979 年，第 216—222 页。

18. 皮埃尔·布尔迪厄，《帕斯卡式沉思》，巴黎，瑟伊出版社，1997 年，第 79 页。

19. 贝尔纳·拉伊尔（主编），《阶级童年：儿童中的不平等》，巴黎，瑟伊出版社，2019 年。

20. 路易莎·尤斯菲，《保持野蛮》，巴黎，工场出版社，2022 年。

21. 尚塔尔·雅凯，《跨阶级或非再生产》，巴黎，法国大学出版社，2014 年。

22. 克劳德·格里尼翁和让-克劳德·帕斯隆，《学者与大众：社会学和文学中的悲惨主义和民粹主义》，巴黎，法国社会科学高等研究院出版社、伽利玛出版社和瑟伊出版社联合出版，1989 年。另可参见"文化社会学和大众文化社会学"研讨会（1982 年）记录，载于《调查》第 1 期，1985 年，在线资源：doi.org/10.4000/enquete.2（2023 年 1 月查询）。

23. 罗斯-玛丽·拉格拉夫，《小说中的村庄》，阿尔勒，南方文献出版社，1980 年。

24. 伯努瓦·科卡尔，《留下的人：在衰落的乡村中生活》，巴黎，发现出版社，2019 年。

25. 克里斯蒂安·伯德洛和罗杰·埃斯塔布莱，《法国的资本主义学校》，巴黎，马斯佩罗出版社，1971 年。

26. 菲利普·勒热内，《自传契约》，巴黎，瑟伊出版社，1975 年。

27. 罗兰·巴特，《写作的零度》，巴黎，瑟伊出版社，1953 年，第 19 页。

28. 皮埃尔·布尔迪厄，《实践感》，巴黎，午夜出版社，1980 年，第 90 页。

29. 保罗·帕斯卡利，《跨越社会边界："精英通道"如何打开大门》，巴黎，发现出版社，2021 年 /2014 年。

30. 巴黎大学社会学学生团体存续的时间很短，与反法西斯大学阵线（Front universitaire antifasciste）以及法国全国学生联合会（Unef）有关联。该组织由社会学专业的大学生组成，积极解决"学生问题"，尤其是兼职大学生的问题。学生们记录大课的内容，这些内容经教授们审阅后以复印讲义的形式传播出去。

31. Clashes 诞生于 2002 年，最初是由博士生创建的团体，2003 年成为协会，致力于反对高等教育中各种形式的精神骚扰和性骚扰。EFiGiES 诞生于 2003 年，是一个旨在打破学生在撰写博士论文期间的孤立状态并促进女性主义研究的协会。

32. 罗斯-玛丽·拉格拉夫，《坠落乌托邦之旅：为中欧辩护》，巴黎，法国大学出版社，1998 年。

33. 罗斯-玛丽·拉格拉夫，"重塑老年的魅力"，《运动》第 3 卷，第 59 期，2009 年，第 113—122 页。

34. 西蒙娜·德·波伏瓦，《论老年》，巴黎，伽利玛出版社，1970 年，第 737 页。

35. 皮埃尔·德普罗日，"让我们学会主动中止衰老"，

《西克罗佩德先生的必要一分钟》，法国第三电视台（FR3），1983 年 3 月 29 日，线上资源：www.ina.fr/ina-eclaire-actu/video/cpc83050627/apprenons-a-pratiquer-l-interruption-volontaire-de-vieillesse（2023 年 1 月查询）。

36. 1971 年 4 月 15 日发表在《新观察家》上的宣言。

后记：继续对谈

1. 罗斯-玛丽·拉格拉夫，《归于平静：一个女性主义阶级叛离者的自传式调查》巴黎，发现出版社，2021 年。

2. 皮埃尔·布尔迪厄，"传记幻觉"，《社会科学研究》第 62—63 卷，第 69—72 页。

3. 克里斯蒂安·伯德洛，"书评：安妮·埃尔诺的小说《悠悠岁月》"，《社会科学年鉴历史分册》第 65 卷，第 2 辑，2010 年，第 527—561 页。除了这篇内容丰富的长篇书评之外，还可以查看本期《年鉴》中题为"文学知识"的整个专题。该专题由艾蒂安·安海姆和安托万·利尔蒂主编，包括对其他一些社会科学作品和小说作品的精彩书评。

4. 克里斯蒂安·伯德洛，"安妮·埃尔诺，她所在时代的社会学家"，收录于弗朗西娜·贝斯特·布鲁诺·布朗克曼和弗朗西娜·杜加斯特-波尔特主编的《安妮·埃尔诺：时间与记忆》，巴黎，斯多克出版社，2014 年，第 246—264 页；热拉尔·莫热，"安妮·埃尔诺，关于阶级迁移的'组织民族学家'"，收录于法布里斯·杜姆雷尔主编的《安妮·埃尔诺，一部两者之间的作品》，阿拉斯，阿尔图瓦大学出版社，2004 年，第 177—204 页；斯马因·拉谢尔，"安妮·埃尔诺或者难以企及的宁静。附与作家的访谈",《政治》, 第 73—78 页; 伊莎贝尔·夏尔邦吉耶, "'介于文学、社会学和历史学之间……'",《语境》, 2006 年第 1 期, 线上资源: journals.openedition.org/contextes/74 (2023 年 1 月查询)。

5. 安妮·埃尔诺,《真正的归宿——与米歇尔·波尔特的对谈》, 巴黎, 伽利玛出版社, 2014 年, 第 70 页。

6. 安妮·埃尔诺, "布尔迪厄: 悲伤",《世界报》2002 年 2 月 5 日。

7. 克利福德·格尔茨, "深描说: 迈向文化的解释理论" (1973 年), 由安德烈·玛丽翻译,《调查: 人类学、历史学、社会学》第 6 期, 1998 年, 第 73—105 页。

8. 伊维特·德尔索,《社会分析手册: 书写日常实践》, 由安德里亚·达埃尔编辑, 巴黎, 行动理由出版社, 2020 年。

9. 安妮·埃尔诺,《真正的归宿——与米歇尔·波尔特的对谈》, 巴黎, 伽利玛出版社, 2014 年, 第 77 页。

10. 同上书, 第 76 页。

11. 安妮·埃尔诺,《回到伊沃托》, 巴黎, 莫孔杜特出版社, 2013 年, 第 22 页。

12. 关于对普鲁斯特的了解, 参见安妮·埃尔诺未出版的日记摘录, 发表于专门介绍其作品的《莱尔纳手册》, (安妮·埃尔诺, "围绕普鲁斯特, 1983 年至 1988 年——未出版内容", 收录于《安妮·埃尔诺》, 由皮埃尔-路易·福特编辑, 巴黎, 莱尔纳出版社, 2022 年, 第 62—67 页), 同一卷中还有玛雅·拉沃的文章 "违背与对抗普鲁斯特", 第 58—61 页。关于对伍尔夫和佩雷克的解读，参见安妮·埃尔诺，"写作的艺术：伍尔夫、布勒东、佩雷克或成长岁月"，文章并未出版且发表在其个人网站：annie-ernaux.org/fr/textes/lart-decrire/（2023 年 1 月查询）。

13. 罗斯-玛丽·拉格拉夫，《归于平静：一个女性主义阶级叛离者的自传式调查》，巴黎，发现出版社，2021 年，第 120—148 页。

14. 弗吉尼亚·伍尔夫，《到灯塔去》，收录于《小说作品集》第一卷，雅克·奥贝尔主编，巴黎，伽利玛出版社，2012 年，第 143 页。

15. 皮埃尔·米雄，《微渺人生》，巴黎，伽利玛出版社，1984 年。

16. 安妮·埃尔诺，《一个男人的位置》，巴黎，伽利玛出版社，1983 年，第 62 页。

17. 克劳德·格里尼翁和让-克劳德·帕斯隆，《学者与大众：社会学和文学中的悲惨主义和民粹主义》，巴黎，法国社会科学高等研究院出版社、伽利玛出版社和瑟伊出版社联合出版，1989 年。

18. 保罗·帕斯卡利，《跨越社会边界："精英通道"如何打开大门》，巴黎，发现出版社，2021 年 /2014 年。

19. 保罗·帕斯卡利和奥利维耶·施瓦茨，"穷人的文化：一部重温的经典——霍加特、平民阶层与社会流动"，《政治》第 114 期，2016 年，第 21—45 页。另见保罗·帕斯卡利，"四处奔波还是背井离乡？从霍加特笔下的'奖学金获得者'到当代的阶级迁移者"，收录于尚塔尔·雅凯和热拉尔·布拉主编的《跨阶级塑造》，巴黎，法国大学出版社，2018 年，第 89—116 页。

20. 安妮·埃尔诺，"摄影日记"，《书写人生》，巴黎，伽利玛出版社，2011 年，第 8 页。

21. 安妮·埃尔诺，《悠悠岁月》，巴黎，伽利玛出版社，2008 年，第 111—112 页。

22. 同上书，第 254 页。

图书在版编目(CIP)数据

　　一场对谈 / (法) 安妮·埃尔诺, (法) 罗斯-玛丽·
拉格拉夫著；苏昉译. -- 上海：上海人民出版社，
2024. -- ISBN 978-7-208-19223-2

　　Ⅰ. K835.655.6

　　中国国家版本馆 CIP 数据核字第 2024C0P622 号

责任编辑　赵　伟
封面设计　e2 works

封面画作来自朱鑫意的"2020"系列作品

上海文化发展基金会资助项目

一场对谈

[法]安妮·埃尔诺　　[法]罗斯-玛丽·拉格拉夫 著
苏　昉 译

出　　版　上海人民出版社
　　　　　(201101　上海市闵行区号景路 159 弄 C 座)
发　　行　上海人民出版社发行中心
印　　刷　苏州工业园区美柯乐制版印务有限责任公司
开　　本　787×1092　1/32
印　　张　5.5
插　　页　6
字　　数　65,000
版　　次　2024 年 12 月第 1 版
印　　次　2024 年 12 月第 1 次印刷
ISBN 978 - 7 - 208 - 19223 - 2/C · 730
定　　价　42.00 元

2022年诺贝尔文学奖"安妮·埃尔诺作品集"

已出版

《一个男人的位置》

《一个女人的故事》

《一个女孩的记忆》

《年轻男人》

《占据》

《羞耻》

《简单的激情》

《写作是一把刀》

《相片之用》

《外面的生活》

《如他们所说的，或什么都不是》

《我走不出我的黑夜》

《看那些灯光，亲爱的》

《空衣橱》

《事件》

《迷失》

《外部日记》

《真正的归宿》

《被冻住的女人》

《一场对谈》